El superclásico

El superclásico

Boca-River: historia y secretos de una pasión

Hugo Martínez de León

www.librosenred.com

Dirección General: Marcelo Perazolo
Dirección de Contenidos: Ivana Basset
Diseño de cubierta: Emil Iosipescu
Diagramación de interiores: Andrés Beláustegui

Primera edición en español - Impresión bajo demanda

ISBN: 1-59754-076-5

Para encargar más copias de este libro o conocer otros libros de esta colección visite www.librosenred.com

A MODO DE JUSTIFICACIÓN

El historiador –como se desprende del concepto de E. H.Carr en ¿Qué es la Historia?– no es meramente un consignador de datos factuales sino que sale al encuentro de éstos, los "demanda".

La intención manifiesta de este libro es la de historiar la correlación de los dos más populares equipos de fútbol de la Argentina con el fin de establecer una equivalencia entre ellos. Nada sería uno sin el otro, desde sus orígenes hasta el desarrollo de sus trayectorias paralelas.

Otro motivo es ordenar la secuencia de River y Boca y descubrir sus más auténticos orígenes y raíces. El fútbol tiene una historia llena de pasiones y contradicciones, historia no siempre valorada de modo adecuado por los pensadores más intelectuales, quienes siempre la han desteñido con calificativos vagamente denigratorios.

Para muchos cronistas de esta apasionante historia, el fútbol argentino parece afincarse en estas partes del mundo gracias a la providencial presencia de Alejandro Watson Hutton. Pero la verdad, que casi nunca es tan unilateral ni tan personalista, apunta hacia otros horizontes explicativos. Muchos tuvieron que ver en ello las inversiones británicas, como el ferrocarril y los puertos.

Nadie en su sano juicio se atrevería a minimizar el protagonismo de aquel precursor, pero no por eso hay que magnificar su significación. Esto último haría suponer que de no haber sido por su arribo a nuestras costas estaríamos hoy jugando a la taba en las plazas públicas y muchos de nuestros comentaristas deportivos habrían debido ocuparse de las columnas de horóscopos de algún diario. Ni tanto ni tan poco.

Generalmente las historias se escriben a partir de hechos consumados. Por ejemplo, la bandera de un barco sueco sugirió los colores de Boca Juniors y River Plate tomó su nombre de una defectuosa traducción de Río de la Plata. Cuando se analiza la gloriosa gira de Boca en 1925 por Europa, no se profundiza en los prolegómenos del viaje, que parecen haber sido determinantes para que este club comenzara a adquirir cierto predominio en la consideración popular, predominio que no ha cesado desde entonces.

Hasta ahora nadie había estudiado las causas y consecuencias de la migración de las canchas. Se decía que River se había mudado hacia el norte buscando una parcialidad de más rancia estirpe. Nadie explicó por qué.

Casi todos los historiadores del deporte fijan como un elemento clave la instauración del profesionalismo. Pero ¿por qué razones la sociedad se había dividido entre partidarios y enemigos del amateurismo? Si los directivos de aquellos años hubieran sospechado que repetían, sin saber, los designios de no más de media docena de recelosos príncipes y marqueses no habríamos ahorrado una multitud de dificultades y discusiones banales.

Luego vinieron los partidos contra los ingleses. Ellos nunca habían participado en laos mundiales pero ¿por qué, de golpe y porrazo se acordaron de América Latina?

¿Por qué Armando, presidente de Boca, fijó el 25 de mayo de 1975 como fecha para la inauguración de un gran estadio, promesa que jamás cumpliría?

Estaba escrito, suele decirse. Pero esa es la visión fatalista de la historia del fútbol.

Si en la vida económica de un país existen etapas evolutivas ¿por qué razón el fútbol no las tendría? ¿Por qué existen equipos grandes y equipos chicos? ¿Cuál es el número exacto de participantes que debería haber en un campeonato?

Estos son los caminos desbrozados para el desarrollo de esta obra.

El Superclásico es un partido aparte. Su estructura, su dinámica, sus tensiones, pueden encontrar sus correlatos metafísicos en Aristóteles, en la dialéctica de Hegel, en las doctrinas del yin y el yang. Este enfrentamiento no es más que una sólida unidad, la colorida representación de una sociedad que se divide para identificarse.

Este libro intenta despejar la senda para que tanto fundamentalistas como detractores de este apasionante espectáculo incorporen el hecho de que Boca y River, River y Boca, cada uno con sus particularidades, constituyen las dos caras de una misma moneda. Y si esa pelea se viene desarrollando en forma sistemática desde hace más de ochenta años, es bueno tratar de descubrir las razones que expliquen su evolución y el interés cada vez más renovado con que se sigue a lo largo y a lo ancho del país.

Cuando un fanático, mirando a las cámaras de El aguante dice de su tradicional rivfal "no existís" está negando su propia existencia. Debería decir, acaso con el mismo grito de las entrañas "¡Gracias por existir!". La unidad de los contrarios alimenta en diferentes órdenes de la vida la lucha por la superación. ¿Por qué no habría de hacerlo en el Superclásico?

H. M. de L.
Marzo de 2004

Primera parte
El clásico de los clásicos

Capítulo i
El origen inglés del fútbol en el Río de la Plata

El deporte organizado es el fruto del espectacular desarrollo del ferrocarril como sistema de transporte. Se debe a los ingleses la propagación del fútbol y otros deportes por el mundo a partir de la instalación de vías férreas, primero en su propio territorio y, poco más tarde, en el continente europeo, Asia y América (Africa y Oceanía quedan, por el momento, relegados de esta generalidad, no por el ferrocarril sino por los deportes). Los primeros clubes tienen su origen casi inexorablemente a partir de la instalación del ferrocarril, dondequiera que sea. Si bien este hecho no explica por sí mismo la entusiasta aceptación del fútbol por el público al menos lo ubica en un marco histórico y geográfico bastante razonable. Otras circunstancias (como se verá) integran una sumatoria que justifica el vertiginoso progreso de este deporte hasta transformarlo en algo masivo y apasionante.

Los ingleses son los inventores del fútbol. Negarles la patente y sólo reconocerles el mérito de su reglamentación es, ya no menoscabar sus atributos en la jurisprudencia, sino magnificar una protohistoria fragmentada, difusa y ríspida, donde las evidencias de seres humanos corriendo tras un balón se pierden en la neblina de los tiempos. En el *choule*, supuesto precursor del fútbol, se luchaba por la pelota a través de campos, bosques y arroyos y, si era necesario, a nado (Duron, citado por Vicente Verdú). Richard Carew describe el *hurling*, cuyos jugadores "recorren colinas, valles, zarzas y matorrales espinosos, pasando por ciénagas, charcas y toda clase de corrientes de agua, en lucha por la pelota". Ni en las peores épocas el césped del Estadio Centenario estuvo tan irregular.

No hay civilización anterior a la nuestra que no haya utilizado algún tipo de pelota para desarrollar ciertos juegos entre deportivos y religiosos. Los toltecas, mayas y aztecas los practicaban en las ceremonias. Un sacerdote daba el saque inicial y, ocasionalmente, la cabeza del capitán era cortada.

Se sabe que los chinos jugaban un fútbol rudimentario hace más de diez mil años y hay razones para pensar que, luego de tanto tiempo, no aprendieron demasiado. Los nobles florentinos jugaban al *calcio*, un deporte espectacular por lo rudo y lo violento. Poco, casi nada para justificar una vaguedad de datos que confluyen en una idea común: el hombre jugó siempre con una pelota. Se pueden encontrar vestigios de un baseball americano en el *oina* de los rumanos; los mayas hacían pasar una pelota a través de un aro de piedra. Los principiantes se dividían en dos equipos; tenía cierto carácter ritual y se jugaba en todos los dominios. Pero esto es prehistoria indescifrable y discontinua. El fútbol tiene, sin lugar a dudas, un comienzo oficial contundente a partir de la reglamentación inglesa del juego y su inmediata propagación a lo largo y a lo ancho del recorrido de las líneas férreas.

La revolución industrial del siglo XVIII generó en Inglaterra un profundo cambio en el modo de producción que posibilitó el desarrollo de una gran fuerza fabril. El telar inventado por Edmund Cartwright, movido por la fuerza del vapor, podía realizar el trabajo de doscientos obreros, lo que desataba una competencia feroz (hombres, mujeres y también niños) por acceder a los puestos de trabajo. La repercusión mundial fue inmediata ya que Inglaterra necesitaba abrir más mercados para sus productos. Y para el intercambio de la mercadería hacía falta un transporte ágil y moderno.

El fútbol tuvo su partida de nacimiento en 1863, en una taberna de Londres. Allí se formó la Football Asociation, que tomó como ejemplo el código vigente de la Universidad de Cambridge. Se jugó por primera vez en 1866 en Battersea Park, entre los equipos de Sheffield y Londres. Seis años después (1872) se disputó la primera copa de Inglaterra.

El juego pronto se divulgó por el continente Europeo en virtud del vertiginoso avance del ferrocarril. En Francia, para poder apreciar la incidencia británica, se jugó un campeonato 1893/94 donde el equipo campeón tenía 10 jugadores ingleses y uno francés.

Primero fueron los súbditos ingleses empleados de los ferrocarriles, de las instalaciones portuarias, de las empresas de energía y de las instituciones bancarias británicas esparcidas por el mundo. Y es el ferrocarril, básicamente, el que da estructura a los clubes que se van creando.

Inglaterra tiene, en la formación de las naciones sudamericanas, una gran influencia política y comercial. El centro económico estaba en las Islas Británicas y al compás de sus éxitos y depresiones el ritmo de la vida nacional no desafinaba. Canjeábamos materia prima y alimentos y recibíamos a cambio artículos manufacturados y capitales.

Los ingleses instalaban el ferrocarril o lo administraban. Tenían perfectamente tipificado un mundo de categorías: los directivos, los jefes, los capataces y obreros del taller. Con esa pátina de igualdad de la que se jactaban utilizaban los terrenos manejados por el ferrocarril para la formación de clubes donde fomentaban la práctica de los deportes. Este hábito era absolutamente desconocido para los criollos: cricket, rugby, fútbol se jugaban sólo entre súbditos de la corona; cuando faltaba alguien a la cita se adiestraba a algún nativo para completar la plantilla. El periódico *The Standard*, que se editó en idioma inglés en Buenos Aires, publica en 1897 la formación de dos teams del club Banfield, fundado poco antes. Es interesante consignar la formación de ambos bandos:

A. J. Goode, C. Moffat, A. M. Brown, D. Watson, E. Hunter, F. C. Enright, R. Woodwell, Sharenberg, S. T. Rangey y "otros dos" (sic).

Y el contrincante formó con A. Harriman, A. Rugeroni (aunque no lo parezca, inglés hasta los tuétanos), E. Morgan, E. Patter, R. Wilson, G. Dunn, E. Hunt, F. Wilson y "otros dos" (sic).

Se observa que ambos bandos están formados por diez jugadores y que se expresan los nombres de los contrincantes, excepto los de aquellos englobados dentro del curioso apelativo de "otros". Probablemente se deba a que los mismos eran jugadores "criollos", mezclados por la necesidad con los de origen británico y olvidados quizá por la poca destreza de un cronista que no dominaba el idioma español.

Los ferrocarriles como denominación común

George Stephenson (1781-1848), técnico especializado en la reparación de máquinas de vapor destinadas a la tracción de pequeños vagones en la zona de Newcastle, se propuso dar más estabilidad, rapidez e independencia a la locomotora. Su hijo Robert (1803-1859) se convirtió en uno de los más grandes ingenieros ferroviarios del mundo. En 1825 una locomotora arrastró una formación Stockton hasta Darlington. Hubo protestas y frenaron la producción. Pero el 15 de septiembre de 1830 ganó un concurso con una máquina que se llamó Rocket (cohete). En 1843 la reina Victoria se aventuró a viajar en tren. La locomotora era negra. La chimenea tenía detalles naranjas en la corona y en el ensamble de la caldera. Negro y naranja.

Las vías férreas son construidas sistemáticamente con el criterio radial donde el centro es el puerto. Nuestro país no fue una excepción.

¿Qué circunstancias explican el desbordante entusiasmo por el fútbol? ¿Qué espíritus se confabularon para que su práctica se incrementara simultáneamente en el Río de la Plata, en España, Francia, Italia, los países balcánicos y escandinavos? Ningún otro deporte despertó tanto entusiasmo. El cricket fue un entretenimiento de entrecasa practicado en extensos partidos sabatinos. Sólo una versión más dinámica, el beisbol, congregó al público del Caribe y de los Estados Unidos en el último decenio del siglo XIX.

Ya tenemos al ferrocarril como denominador común. Ahora veremos otras coincidencias.

La irrupción de las masas

El pensador español Ortega y Gasset, en su conocido libro "*La rebelión de las masas*" asiste, atónito, a lo que el denomina el "lleno": "Las ciudades están llenas de gente. Las casas, llenas de inquilinos. Los trenes, llenos de pasajeros. Los cafés, llenos de transeúntes."El escritor observa que todo se llena como nunca antes y ensaya algún interrogante: "La aglomeración, el lleno no era antes frecuente. ¿Por qué lo es ahora?".

Cuando se apresta a dar una respuesta apunta con una aproximación: "Los individuos que integran estas muchedumbres preexistían, pero no como muchedumbre". Claro, la gente no había nacido el día en que Ortega publicó su libro por entregas, en 1929. "(...) no es raro encontrar hoy entre los obreros, que antes podían valer como el ejemplo más puro de esto que llamamos 'masa', almas egregiamente disciplinadas".

Ortega sigue enunciando el fenómeno de la masa, que "ha resuelto adelantarse al primer plano oficial y ocupar los locales y usar los utensilios y gozar de los placeres antes adscritos a los pocos."

Ortega descubre gente por todos lados y no logra determinar los porqués. “Yo dudo que haya habido otras épocas de la historia en que la muchedumbre llegase a gobernar directamente como en nuestro tiempo. Por eso hablo de hiperdemocracia”.

“Tenemos pues –dice Ortega– que la vida del hombre medio está ahora constituida por el repertorio vital que antes caracterizaba sólo a minorías culminantes”.

Ahí está el fenómeno de las masas, planteado por el filósofo español, pero no desentrañado.

El fútbol y los mártires de Chicago

Los ingleses reglamentaron el fútbol y otros deportes. En América latina y Europa ganó inmediata popularidad. En cambio, el rugby fue el deporte de masas en Oceanía y el beisbol en Centroamérica y los Estados Unidos. La conexión entre estas disciplinas es el pujante desarrollo de los mismos desde finales de siglo XIX.

El industrialismo trajo aparejados otros fenómenos concurrentes: concentración fabril, hacinamiento en ciudades y una mano de obra que compartió extensas jornadas laborales y lentamente fue tomando noción de clase social. Los obreros comenzaron a desarrollar organizaciones sindicales que levantaron como reivindicación esencial la jornada laboral reducida a 11/12 horas. Aún a principios de siglo había gremios (panaderos) que trabajaban hasta 18 horas por día.

La ley Millerand, en Francia, que reduce la jornada laboral de 11 a 10 horas en las fábricas que emplean mano de obra mixta, data del año 1900.

Esto demuestra la ebullición que vivía la sociedad en general en cuanto a definir una normativa que impusiera un equilibrio entre el trabajo y el descanso, algo tan novedoso entonces como la tracción a vapor y los ferrocarriles.

El deporte organizado es el fruto del ocio y la concentración industrial. Las grandes empresas fabriles produjeron la concentración de las clases populares que, al obtener el beneficio de la reducción de la semana laboral, dispusieron de un tiempo libre que el industrialismo británico se ocupó en llenar rápidamente con los deportes reglamentados.

Lo mismo podría decirse de la industria cinematográfica, que escapa por el momento a nuestra preocupación. Es absolutamente comprobable que el fenómeno cinético se conocía desde mucho tiempo antes. El ocio generó la necesidad. Así lo vió también la iglesia, que luchaba contra la proliferación de vagos y borrachos y aplaudió en silencio la irrupción del fútbol como tema de preocupación (siempre que no se practicara los domingos y fiestas de guardar. Los católicos fueron más flexibles en este sentido. Bajo el protestantismo el domingo es sagrado. Aún hoy en los países británicos los campeonatos se disputan los días sábados).

En los albores del siglo XX (1901) los molineros protestaban porque el término de 14 horas de labores continuadas era excesivo. El petitorio exigía que la jornada fuera de 6 de la mañana a 6 de la tarde, con un beneficio extra (pago doble) los días domingos y feriados.

Los anarquistas y socialistas impusieron una campaña mundial reivindicando jornadas de trabajo más humanitarias. Los mártires de Chicago murieron en la horca a partir del simple hecho de bregar por la jornada de 8 horas, inmolación que se recuerda cada Primero de Mayo en todo el mundo.

El deporte en general (y el fútbol en particular) nacen en el momento en que se producen dos fenómenos concurrentes: el industrialismo y la reducción de la jornada laboral. El primero desarrolló la técnica del vapor y sus múltiples aplicaciones, entre las que nos interesa especialmente el ferrocarril. Y la jornada laboral reducida a 11/12 horas y, bastante más tarde, a ocho, incorporó el concepto del ocio para las clases populares.

Sólo una mínima parte de los obreros se avino a practicar deportes. Pero fueron muchos más los que se acercaron a curiosear por los *fields* y a entusiasmarse por divisas y colores.

Unicamente pudieron hacerlo cuando el trabajo se humanizó y la jornada laboral se redujo perceptiblemente.

Allí aparecieron las masas, que tanto asombraron a Ortega y Gasset. Se acabaron los bares para sus *minorías culminantes.* Las muchedumbres despilfarran sus magros sueldos en la diversión y los tragos. El hombre elige el fútbol y observa que la divisa elegida le da el bálsamo de la victoria o la hiel del fracaso. Todo es producto del ocio y la reducción de la jornada laboral. Y del ferrocarril. Así de simple.

Hay visiones más bucólicas. "El renacimiento deportivo del siglo XIX –expresa Gutiérrez Cortinas-, pleno de idealismo olímpico, planteaba esa actividad complementaria que sacara en cuerpo y alma al hombre de los talleres y las fábricas que imponía en forma cada vez más numerosa la Revolución Industrial. Resplandeció así un camino hacia la naturaleza; y por esa ruta llegaría el fútbol."

Es otro ángulo de observación, un ejercicio para determinar qué es causa y qué consecuencia. "La vida deportiva aparecía como natural y creadora, en oposición a la dura vida laboral. El obrero se automatiza , se limita; y el hombre deportista se libera y se expande vitalmente. El trabajo no solamente era duro sino imperativo, obligatorio; el deporte iba a constituirse en un hermoso ejemplo de vivir a pleno, como una muestra espontánea, libérrima."

El primer ocio comunitario

En los siglos XIV y XV ese embrión de fútbol conocido en Inglaterra sólo se practicaba en los monasterios. Estaban terminantemente prohibidos los juegos con pelota fuera de los terrenos destinados al esparcimiento de los universitarios. En Oxford, Cambridge y otros claustros sus rectores se vieron en la necesidad de organizar juegos recreativos para los estudiantes. Precisamente las reglas de Cambridge para el juego de sus alumnos fueron la base que sustentó el primer reglamento del fútbol, muchos años después. Pero hay que advertir que el término *foot-ball* tanto se aplicaba a nuestro fútbol cuanto al rugby.

Era menester resolver un problema ineludible a lo largo de un año lectivo: el ocio. Los deportes colectivos desarrollaron sus normas en las universidades. Inglaterra estuvo en condiciones de utilizarlos después porque, mucho antes de la industrialización, había aceitado el sistema de reglas para los deportes aplicadas al primer ocio comunitario (las universidades) en lugares relativamente reducidos (si exceptuamos los recintos carcelarios donde el ocio compulsivo no promovió ningún sucedáneo y se podía resolver, por ejemplo, con la imposición de trabajos forzados).

Un juego sólo para ingleses

Es difícil saber si los promotores del fútbol en el último cuarto del siglo XIX presagiaron el entusiasmo que despertaría rápidamente en todo el mundo. Más sensato sería pensar que los ingleses, que ya tenían establecimientos comerciales en todos los continentes, intentaran repetir la entusiasta experiencia de las universidades para morigerar el tedio de los súbditos de la corona victoriana. Los equipos de más renombre mundial han sido fundados por ingleses y sólo después de soportar los embates de los nativos de aquí y de allá les abrieron las puertas con bastante resquemor.

Los ingleses armaban clubes para sus propias borracheras. No hay evidencias de que produjeran una generosa y desinteresada apertura hacia los aficionados locales. La frase poética del Libro de las profecías, que Davenport escribió en una de las actas del Club Peñarol ("Serás eterno como el tiempo y florecerás en cada primavera") es un augurio bienintencionado, pero la verdad es que el CURCC nació en setiembre que era cuando comenzaba la temporada de cricket. El primer campeón del fútbol italiano, el Club Genoa (1898) se llamó Genoa Cricket and Athletic Club. De fútbol se hablaba poco, como el nombre lo indica; fue fundado por un grupo de empleados ingleses trasladados al puerto ligur.

¿Habrán sospechado el auge multitudinario que aguardaba al fútbol en cualquier parte del mundo? Difícil saberlo. Las pocas evidencias apuntan a que ese fenómeno del gentío rodeando la línea de cal los amedrentaba. El Lomas Athletic, primer campeón de fútbol en la Argentina, era un club inglés por donde lo miraran. Cuando los partidos de fútbol atrajeron a más de un centenar de personas desalentaron su práctica y se volcaron a los juegos más elitistas.

Pero todavía los grandes rivales no estaban instalados en el corazón del pueblo. Eso sería resorte de otros fenómenos que escapaban a la voluntad de los ingleses. Serían misterios pertenecientes a la sabiduría de los pueblos.

Cuando Alejandro Watson Hutton, considerado el padre del fútbol argentino, desembarcó en Buenos Aires en 1881, ya estaban dadas las condiciones y los factores que iban a incidir en la difusión masiva de la práctica de esa nueva disciplina entre nosotros. Lo cierto es que él lo incorporó a las obligaciones del Saint Andrew College bastante antes de la imposición oficial que adoptó en el país la práctica deportiva en las escuelas.

Capítulo 2
La génesis de los grandes

Los clubes más populares de la Argentina –River Plate y Boca Juniors– se gestaron en el mismo barrio porteño, a escasas cuadras de distancia y en el primer lustro del siglo XX. Muchos años después la confrontación futbolística de ambos equipos empezaría a conocerse como el "Clásico", apelativo con reminiscencias turfísticas que, últimamente, es reemplazado por el "Superclásico", para diferenciarlo de otros encuentros de menor consideración popular.

Poco antes de sus respectivos alumbramientos hubo otra disputa nacional que condicionó el futuro de la Argentina y, entre sus múltiples consecuencias, marcó el sitio casi exacto del comienzo de esta historia del fútbol: la construcción del puerto de Buenos Aires en el último cuarto de siglo XIX. Boca y River nacieron en el escenario donde, poco tiempo antes, se llevara a cabo otro "encuentro" de intereses. El resultado del mismo –en términos estrictamente futbolísticos, si cabe– fue contundente: ganaron los visitantes y perdió el país.

El puerto de Buenos Aires

Las orillas pantanosas de Buenos Aires habían servido como fondeadero desde la primera fundación de la ciudad. Y para vincular la capital del Virreinato del Río de la Plata con su entorno, las carretas habían surcado los caminos hacia los más lejanos confines del norte, el oeste y el sur.

La construcción del puerto no fue tarea fácil. La boca del estuario carecía de bahías protegidas y elevaciones del terreno que brindaran reparo, como en Montevideo o Bahía Blanca, que en 1870 era un distante puesto de frontera en el sur.

El Río de la Plata tenía, en ambas márgenes, dos ciudades estratégicas: Montevideo y Buenos Aires. Políticamente estaban enfrentadas porque, en perspectiva, apuntaban a destinos de organización social diferentes. Desde la Banda Oriental se impulsaba la integración igualitaria de las Provincias unidas, en contraposición a la hegemonía de Buenos Aires, de carácter ostensiblemente centralizador.

Desde el punto de vista geográfico la naturaleza parecía estar de acuerdo con la concepción federalista ya que las condiciones para la construcción de un puerto se daban con más generosidad en la abrigada bahía de Montevideo. La costa derecha del Río de la Plata, sobre la que se asienta Buenos Aires, recibe limo desde Brasil, Paraguay, Bolivia y también de territorio argentino, limo que es transportado por el sistema fluvial que conforman los ríos Pilcomayo, Bermejo y Paraná.

Hasta Rosario, el río Paraná permite fácilmente la carga de granos. Pero aguas abajo la corriente se hace más lenta y contribuye a la formación del delta. El principal canal del estuario estaba a kilómetros de la costa. El poeta Francisco García Jiménez, autor de varios exitosos tangos, habla de "los márgenes anegadizos de un río barroso, pajonales enmarañados, sauces lacios y doblados, siempre implorantes bajo el castigo de la sudestada". También expresa que "nada podrá arredrar a la comunidad industriosa dela Boca, ya que al tener un riacho y un muelle tiene abiertas las vías del porvenir. Balandras, lanchones y queches cargan y descargan la mercadería, frutos y frutas imaginables. Se instalan proveedurías, corralones, almacenes navales y de otros ramos, alguna pulpería."

Superadas las diferencias históricas entre la capital y el interior del país, y volcada la balanza a favor de Buenos Aires, esta ciudad debió curar las heridas de una larga dicotomía entre federales y unitarios y ejercer el derecho a administrar a todo un país desde el lugar que, para mal o para bien, habían elegido los conquistadores españoles como emplazamiento.

La primacía de Buenos Aires en su calidad de ciudad hegemónica de toda la cuenca no podría haberse mantenido sin una gran estr5uctura portuaria. Dice James Scobie en su estudio Buenos Aires de 1870 a 1910: "Si se considera que en 1881 un barco de 500 toneladas requería cien días para descargar en Buenos Aires y diez o doce días en cualquier puerto del mundo se comprende las desventajas de la ribera porteña tuviera desastrosas consecuencias financieras para fletadores, minoristas y consumidores".

La alternativa era profundizar el canal y mejorar las instalaciones sobre el Riachuelo, al sur; otros decían que era mejor construir nuevas instalaciones al este de Plaza de Mayo. Si hiciera falta demostrar que en todos los órdenes de la vida la unidad de los opuestos es el motor del progreso, he aquí otro ejemplo de antinomias bien delimitadas: hacer el puerto hacia el norte, cerca de Plaza de Mayo, o construirlo hacia el sur, sobre el Riachuelo. No era, de ningún modo, un tema menor.

Luis Huergo ya tenía fama de ser un ingeniero de gran experiencia en construcciones hidráulicas. Él sostenía la hipótesis del puerto hacia el sur con la que naturalmente estaban de acuerdo los comerciantes de la Boca y de Barracas. El crecimiento impulsaría la entrada del puerto por medio de nuevas dársenas hacia el norte. Huergo representaba la tradición criolla y el desarrollo nacionalista de la economía argentina.

Como contrapartida, Eduardo Madero respaldaba el concepto de un puerto en las adyacencias de la Plaza de Mayo. Lo apoyaban los funcionarios más influyentes del gobierno así como también los comerciantes e importadores extranjeros. Los partidarios de Madero, que no queden dudas al respecto, auspiciaban la participación de ingenieros y capitales extranjeros. Los enormes gastos que ocasionaría fabricar muelles, dársenas, depósitos y ramales ferroviarios implicarían la necesidad de créditos externos.

A fines de 1878 los barcos de ultramar podían entrar por el canal del Riachuelo y atracar en los depósitos de la Boca. La apertura de este canal, auspiciada por el gobierno de la provincia de Buenos aires sobre el proyecto del ingeniero Huergo, promovió la actividad comercial en el lado sur de la ciudad.

En 1883 un gran transatlántico italiano atravesó la entrada del Riachuelo por donde antes, en cuatro año, sólo habían pasado embarcaciones de menor calado. Un año después, en 1884, la cifra se incrementó considerablemente: 1150 embarcaciones de todo tonelaje entraron en el puerto.

The Standard mostraba simpatías usuales hacia las instalaciones del Riachuelo sugiriendo a las principales casas de comercio inglesas que no se instalaran en la calle Reconquista sino en la Boca.

Huergo, después de varias idas y venidas, modificó su propuesta agregando una serie de diques paralelos protegidos por un rompeolas que sería construido hacia el norte, a lo largo de la costa, hacia Plaza de Mayo.

Dávila, un fogoso editorialista del diario La Prensa –que se ganó el derecho a ser inmortalizado en una avenida que hoy ya no lo evoca a él sino a Alicia Moreau de Justo– señalaba que no debía entregarse el control del puerto a manos extranjeras.

La pulseada la empezó a ganar Madero cuando obtuvo el apoyo de la Baring Brothers con un préstamo para terminar su construcción. Proponía plasmarlo en tierras ganadas al río, con los diques emplazados inmediatamente al este de Plaza de Mayo. Carlos Pellegrini respaldó el plan de ese gestor.

La larga lucha se precipitó cuando Huergo se retiró de la lid, harto de remar contra la corriente. En 1884 se suscribió el contrato con Madero, apoyado por el diario La Nación. Las autoridades gubernamentales, especialmente bajo la presidencia de Mitre, estaban en la órbita de este grupo. Había ganado el capital extranjero.

La victoria de la tesis sostenida por Madero mantuvo la Plaza de Mayo como eje de la ciudad. Para su realización convocó a John Bateman, ingeniero inglés autor delas obras de desagüe en Londres, quien fue luego muy criticado porque no tuvo en cuenta los sedimentos transportados por el río. Un error de apreciación que, en definitiva, se subsanaría incrementando los presupuestos iniciales. Los partidarios de Madero, al instalar el puerto en las cercanías de Plaza de Mayo, relegaron al Riachuelo a cumplir funciones de puerto secundario, mero receptor de operaciones de cabotaje.

Ningún historiador duda en calificar esta pugna como un conflicto de intereses en los que Madero no podía ocultar sus simpatías por el poder financiero y Huergo su impoluto deseo de progreso en defensa de la comunidad.

En 1889 fue inaugurada la dársena sur, primera sección del Puerto Nuevo de espaldas al Riachuelo. Se completó en 1890 con un costo impresionante en tiempo y dinero cuando ya acechaban las instalaciones de Ensenada con características de fuerte competencia.

En 1897 quedaron terminados el dique cuarto y la dársena norte3, que tanta oposición había despertado en Huergo. Pero el Riachuelo no perdió del todo su protagonismo. Una corporación llamada Dock Sur comenzó a comprar nuevas tierras sobre la margen derecha (la isla Demarchi) y se construyeron instalaciones portuarias.

En 1910 entraban por el riachuelo 30 mil barcos y 18 millones de toneladas. La dársena norte resultó prácticamente inútil porque el oleaje impedía que los barcos atracaran sin peligro.

En 1925 se terminó Puerto Nuevo, al norte, con costos millonarios.

Tanto Huergo como Madero aportaron su talento y capacidad para lograr el puerto que la ciudad requería. En opinión de muchos entendidos el proyecto de Huergo era técnicamente más viable y barato que el de Madero. Pero éste tenía más sentido de lo empresarial y excelentes contactos en Londres; no obstante, la entrada a su puerto se producía aprovechando la estructura diseñada por Huergo. Detrás de cada proyecto estaban los intereses de diferentes grupos de políticos, terratenientes, comerciantes y banqueros.

El puerto de la Boca era el mercado de carbón de leña de la ciudad. En él atracaban los barcos de vela que lo traían de Entre Ríos y Corrientes, y del exterior.

La fundación de Boca Juniors

La vida de los estibadores y de los trabajadores del carbón era no tan monótona como sacrificada. Los momentos de esparcimiento eran escasos o inexistentes. Se jugaba a la pelota vasca y había riñas de gallos . no existía entonces más entretenimiento para los muchachos que jugar a las bochas o al sapo, o comer pescado frito, producto de sus habilidades con el anzuelo. El advenimiento del fútbol habría de cambiar el eje de la diversión.

Los clubes más importantes del país nacieron en ambas márgenes del Riachuelo: River y Boca, por un lado, y Racing e Independiente por otro. Des´pués surgieron San Lorenzo y Huracán, más alejados de las construcciones portuarias, pero al influjo de los barrios más postergados de Buenos Aires, sobre la parte sur de la ciudad.

El club Boca Juniors nació el 3 de abril de 1905. un año antes Alfredo Palacios había sido elegido diputado por el distrito.

No era de extrañar. La barriada obrera, con casas de chapa,, muelles y barcas de pescadores, le había dado su apoyo a un legislador de estirpe socialista.

Era un barrio portuario y con evocaciones ligures. Los genoveses vivieron siempre junto al mar. "Fue la comunidad genovesa de la Boca la única colectividad extranjera que se agrupó en un barrio de la ciudad." Lo dice José Speroni (todo es Historia, Nº4). Los personajes habituales del puerto eran estibadores, barraqueros, conductores de carros, curtidores y otros. Se sospecha que muchas delas chapas con las que construían sus precarias viviendas provenían de Casa Amarilla, la estación del tren hacia Ensenada., inaugurado en 1865. partía de Paseo Colón y Venezuela y seguía por un viaducto que orillaba el río hasta la estación Casa Amarilla, en la esquina de Brasil.

El Club fue iniciativa de un grupo de alumnos del Colegio Comercial Sur. Santiago Pedro Sana, que hablaba inglés, propuso que su nombre fuera Boca Juniors. La propuesta fue aceptada, de acuerdo con la moda imperante en el momento, que daba preponderancia al inglés en cuestiones deportivas. Los otros nombres propuestos eran: Hijos de Italia, Estrella de Italia y Defensor de la Boca.

Los fundadores del club boquense se reunieron en un banco de la plaza Solís, rodeada por Olavaria, Suárez, Ministro Brin y Gaboto; cinco muchachos aficionados al f´tbol dieron comienzo a una ilusión: Esteban Baglietto, Alfredo Scarpatti, Santiago Pedro Sana y los hermanos Juan Antonio y Teodoro Farenga. "Hay gente suficiente para formar el club, sólo nos falta la cancha."

No existe acta de fundación de Boca Juniors ni precisiones sobre quiénes se sumaron a la epopeya. La plata recaudada por la conscripción de 200 socios no alcanzaba ni para reponer las redes de los arcos. "A. Farenga –se lee en una de las actas más antiguas– propone que, en vista de que3 un amigo suyo podría hacer las redes sin cobrar nada, pide que se compre el hilo para ese objeto, lo que es apoyado, pero esto último queda sin efecto debido a que el señor Brichetto manifiesta que él iba a regalar el hilo necesario para ese trabajo."

La incipiente institución se convirtió en orgullo y aliciente para la gente que vivía en la zona, ya que se vivía una cierta rivalidad frente a los habitantes de los barrios centrales. La ambición era, si no superarlos, al menos no sentirse rebajados en su presencia. Así pues, el nuevo club vino a ser la bandera de los hijos de la Boca, el símbolo de sus aspiraciones y el esfuerzo común reunido en una sola voluntad para llevarla a su mayor prosperidad. El fanatismo se apoderó delos jugadores, de las familias y de los representantes del comercio local.

"Típicas eran en La Boca las vísperas de sus matches –evoca El Gráfico en 1924– cuando luchaba contra el River Plate, también tradicional entre nosotros e igualmente fuerte, al punto de que la superioridad de uno sobre otro no se definía sino por el mínimo score. Durante la víspera reinaba un completo desquicio entre los jugadores y las familias haciéndose apuestas de cenas sobre cuál resultaría el team vencedor; se producían riñas entre ambos bandos en las confiterías y cuando llegaba el día del match más de uno se presentaba en la cancha con un ojo desfigurado. ¡ Había que ver las manifestaciones si ganaba el club!" La Boca aparecía en la noche, después del match, con los frentes de la casa de los jugadores iluminados y embanderados, así como los cafés a los que ellos concurrían; quemábanse cohetes y desfilaban por las calles una barra entusiasta vivando al Boca Juniors y arrojando luces de bengala; aquello tenía trazas de no terminar nunca. Solían declinar su furor sólo en la madrugada."

Resolvieron afiliarse a la Liga Villalobos, organizadora de un campeonato en que triunfó sin más gloria que la del aplauso porque la copa donada desapareció junto con el presidente de esa liga.

Un barco sueco da los colores a Boca

La primera casaca utilizada era de tela satinada de color celeste oscuro, abotonada al frente, como una camisa, la que, al poco tiempo, fue sustituida por una de lana con rayas verticales muy finas, azules y blancas. Una leyenda afirma que cierto equipo de Almagro tenía una casaca idéntica y entonces disputó un partido "por los colores" (procedimiento muy común en aquellos tiempos) que Boca perdió.

Había que pensar en una nueva camiseta. Juan Brichetto, directivo y jugador del club, quien además operaba uno de los puentes levadizos del acceso a las dársenas, ubicado sobre la calle Estados Unidos, sugirió que se adoptaran los colores de la bandera del primer barco que cruzara debajo de su plataforma. La idea prosperó. El destino quiso que fuera un barco mercante sueco el que donara el azul y oro que hoy distingue a Boca. Al principio el azul marino era cruzado en diagonal por el amarillo. A alguien se le ocurrió ponerlo horizontal y así quedó.

Este mismo Brichetto fue también protagonista de un hecho insólito en un Clásico. Carlos Isola, emblemático arquero de River a quien se conocía como "el hombre de goma", atendió al delantero boquense que había sufrido una espectacular caída en el área. Isola lo asistió con deferencia y caballerosidad. Pocos minutos después el propio Brichetto lanzó un remate cruzado y convirtió el gol. En lugar de gritarlo se llevó las manos a la cabeza. Sentía que había traicionado al gentil guardavallas.

La fundación de River

Ocurrió en Dársena Sur, en 1901. Su sede primigenia, y su correspondiente campo de juego, era un pedazo de tierra con malezas, cardos y escombros, frente a la carbonera de Wilson.

Había dos grupos de jóvenes impulsando una pelota: los de Santa Rosa y La Rosales (ex Juventud Boquense). Paulatinamente fue desapareciendo la rivalidad (no se consigna de qué forma, por lo menos en las historias oficiales), lo que propició el nacimiento del nuevo club.

Leopoldo Burd, primer presidente, dio énfasis a la gesta: "Pongamos todo nuestro ideal en la grandeza del club que ve la luz el mismodía que ha nacido una nueva y gloriosa nación". Desde ese momento y para siempre las más enfáticas promesas y las más palpables realidades procuran hacer coincidir los acontecimientos deportivos e institucionales con el 25 de mayo.

Se reunieron frente a la vidriera dela imprenta de Francisco Gentile, en el 900 de la avenida Brown. Lo hicieron por segunda vez en una asamblea y labraron el acta fundacional.

Se propuso mantener los nombres originales del lugar: Club Atlético Forward (moción de Pedro Ratto); La rosales, como homenaje a la desaparecida corbeta (propuesta por Carlos Antelo); Juventud Boquense (sugerido por Bernardo Messina).

"Quedó River Plate, finalmente (idea de Pedro Martínez)". "Hacia 1901 –escribe José María Rosa en su Historia Argentina– peloteaban en los baldíos de las inmediaciones del Dock sud unos muchachos que resuelven alquilar un terreno pelado, levantarle unos arcos y jugar sin pedirle permiso a nadie. Para hacerse los ingleses, o creer que el idioma inglés era inseparable del juego, denominan a su entidad River Plate, traducción macarrónica de Río de la Plata."

En realidad dicha denominación ya estaba presente en ciertos carteles de contenedores del puerto y también en la *Review of River Plate*, una de las primeras publicaciones en ese idioma difundidas entre nosotros.

Las actas primitivas se han perdido. Sólo quedan las fechadas a partir de 1908. La imaginación hace ver la primera reunión bajo un viejo sauce.

El club sufrió los avatares de una primera etapa donde sólo campearon las dificultades económicas. En 1914 la cosa mejoró financieramente. River logró la copa Competencia.

El esfuerzo de los dirigentes se orientó básicamente a lograr un definitivo campo de deportes. Consiguieron arrendar un terreno ubicado en la Dársena Sur, lado oeste. Allí levantaron una tribuna techada y una gradería. Una tribuna daba sobre la calle Gaboto y otra sobre Pinzón. El terreno había sido alquilado a Nicolás Mihanovich.

Carlos Isola en el arco y Cándido García en el medio eran sus ídolos.

En 1919 se dividió el fútbol en dos asociaciones de clubes y River militó en la Asociación Amateur. Un año después River obtuvo el primer campeonato de su historia. El Superclásico todavía no tenía su abigarrado marco.

Capítulo 3
Nace la eterna antinomia

Dos equipos en la historia del fútbol argentino se reunieron, antes de que surgiera la antinomia Boca-River, las condiciones para ser clásicos rivales: Sportivo Barracas y San Isidro. Ambos tenían cancha propia y fija; eran seguidos por entusiastas partidarios; estaban en las antípodas, al sur y al norte respectivamente de la ciudad; se empezaba a dibujar entre sus propios partidarios una diferente conformación social, lo que siempre contribuye a dar un nuevo sesgo de identidad. Pero no era su destino convertirse en leyenda.

En lo que al club San Isidro se refiere, sus autoridades, ante el cisma de 1912 que dividió la organización del fútbol en dos diferentes casas rectoras, resolvieron su exclusión como animador de los puestos de vanguardia de ese deporte. El club se volcaría a partir de entonces a la práctica de disciplinas de elite (tenis, hockey, rugby). Esta actitud fue repetida en varias ocasiones por otras instituciones de origen británico.

Por su parte, Sportivo Barracas sufrió la sangría de sus aspirantes a cracks los jóvenes amantes de fútbol fueron pasando de Sportivo Barracas a nuestros clubes con deseos de crecer como Boca, River, Independiente y Racing, cuyas actividades se desarrollaban en la cercanía de sus barrios de origen: la Boca y Avellaneda.

Otro club pionero, Alunmi, tuvo una interesante trayectoria más allá de las fronteras y pudo aspirar a ser grande, pero sucumbió tan pronto como los hermanos Brown fueron dejando la práctica activa.

La retirada de los que pudieron formar la antinomia dejó un espacio que pronto sería ocupado por otros, sobre todo por River Plate y Boca Juniors, los clubes dela ribera del Riachuelo, hasta que finalmente lograron consolidarse como el Clásico definitivo.

Boca-River. El Superclásico es ése y no otro. Pero ¿por qué? Pudo ser Independiente-River o Boca-Racing o, tal vez, Vélez-San Lorenzo. No hay una respuesta sencilla. El hecho fue que la unión de los contrarios se estableció entre xeneizes y millonarios.

Mehran K. Thompson afirma que "la competencia y la rivalidad satisfacen necesidades básicas de la persona y de la raza". Es esa competencia la que determina el espontáneo apoyo del público cuando elige arbitrariamente a sus representantes para el enfrentamiento deportivo. El significado del término *agonisma* es, precisamente, "combate".

Establecida la hipótesis de que los deportes sólo existen a partir del decenio final del siglo XIX, con el ocio ganado por las masas, el fútbol como representación de combate apenas acompaña el último siglo de la historia de la humanidad. Fuera de las consabidas escenas aisladas, y de los Juegos Olímpicos de la Grecia antigua (que serán tema de otro capítulo) el Hombre se las compuso para buscar la representación de la lucha en otras fórmulas de satisfacción personal. El duelo es una de ellas. Una definición nos dice que el duelo es "un combate privado entre dos personajes, realizado voluntariamente y en conformidad con ciertos pactos, a fin de mantener externamente la soberanía individual absoluta en una determinada esfera de acciones (Prisco, según Espasa)".

El duelo no se propone la defensa sino la venganza. Es una manera encubierta de representación. En una justa donde se lava el honor de dos personas es ridículo pensar que sólo el vencedor tenga razón y el perdedor pague su yerro con la humillación de la derrota o la propia vida.

Entre los griegos y romanos no hubo duelos. La excepción pudo ser cuando, a través de dicho recurso, se trató de evitar un choque sangriento entre dos ejércitos: Horacios vs. Curiacios; Torcuato Manlío vs. Galo. En ambas civilizaciones hubo, sin embargo, ciertos sucedáneos que inducen a pensar en su inoperancia (Juegos griegos; cuadrigas romanas). El duelo, como medio para reparar el honor, es de origen francés.

El espíritu caballeresco de la Edad Media introdujo los *torneos*. El término tiene su origen en el verbo *tornear* (dar vueltas en torno). El cristianismo logró abolir los combates entre gladiadores, pasión de la antigua Roma. Teodorico, buscando la forma de distraer al pueblo de más graves asuntos (otra clave para entender los deportes), halla la manera de entretenerlo costeando fiestas de aquella índole, referidas por Eunodio. El pueblo cumplía el rol de mero espectador de una confrontación en la que los protagonistas eran miembros de la aristocracia.

En general el organizador de un torneo enviaba a todas partes, por heraldos o correos, una invitación en la que daba cuenta minuciosa de la forma y condiciones en que había de verificarse la fiesta. La comunicación del evento ya era tan decisiva como el evento mismo.

Soporte filosófico de las antinomias

Carlos Martínez Moreno (en su novela *"El paredón"*) habla del Uruguay como "aquella sociedad de opciones dilemáticas: blancos y colorados, Peñarol y Nacional, presidencia y colegiado" en una increíblemente rara alusión literaria a esa antinomia futbolística que luce las galas de una pasión centenaria. Su alter ego, Julio Calodoro, sugiere que "comenzaban a ser más y a pensar que las opciones que importaban surgían de disyuntivas menos fáciles, menos sentimentales, menos arbitrarias."

Las *opciones dilemáticas* no son otra cosa que las antinomias de las que mucho se ha escudriñado a lo largo de la historia.

Empédoces de Agrigento en su momento contribuyó a desarrollar el tema de las antinomias. En el *Primer libro de la Metafísica* Aristóteles se refiere a él indicando que "con respecto a sus predecesores , tiene el mérito indiscutible de haber sido el primero en distinguir dos causas del movimiento, la una opuesta a la otra".

"Leucipo y su amigo Demócrito –refiere Aristóteles– adoptaron como elementos el lleno y el vacío clasificando el primero como el ser y el segundo como el no ser.

Los filósofos pitagóricos sostenían que la mayor parte de las cosas humanas podían clasificarse en pares de contrarios, "pero de estas oposiciones Alcmeón de Crotón no hace una lista determinada, como hacen los pitagóricos."

El infatigable Karl R. Popper ("*La sociedad abierta y sus enemigos*") recorre el hilo histórico de las antinomias desde Heráclito hasta Marx. Rescata del sabio de Efeso el primigenio concepto de que "todo fluye y nada está en reposo." Un objeto que cambia debe perder cierta propiedad para adquirir la propiedad opuesta. "Los opuestos se pertenecen mutuamente. La mejor armonía resulta de la disonancia y todo se desarrolla a través de la lucha."

"Al igual que Heráclito –insiste Popper– Hegel cree en la unidad e identidad de los opuestos; en realidad, la unidad de los opuestos desempeña un papel tan importante en la evolución, en el proceso *dialéctico* que podemos considerar a estas dos líneas heracliteanas, la guerra de los opuestos y su unidad o identidad, como las ideas primordiales de la dialéctica de Hegel."

Otro de los pilares del pensamiento hegeliano –según Popper– es la llamada "filosofía de la identidad". Volvemos a Heráclito: "La senda que lleva hacia arriba y la que lleva hacia abajo son idénticas."

Opciones dilemáticas, antinomias, guerra de opuestos y su unidad constituyen, por poco que lo sean, consignas que le caen muy bien al Clásico. Nacional y Peñarol nacieron para dividirse, como se diferencian las dos caras de una moneda. Peñarol y Nacional son, con sus respectivas victorias y fracasos a cuestas (y aun con el lastre de sus fanáticos más recalcitrantes) la armonía de una disonancia, la colorida representación de una sociedad que se divide para identificarse.

"Hegel enseñó que Kant tenía plena razón al señalar las antinomias –sigue apostrofando Popper–, pero que erraba al preocuparse por ellas. Según Hegel es atributo natural de la razón el que se contradiga a si misma, y no es por debilidad de nuestras facultades humanas sino por la esencia misma de toda racionalidad que debe operar con contradicciones y antinomias; en efecto, es ésta, precisamente, la forma en que se desarrolla la razón."

Popper encuentra que "en la dialéctica de Hegel la negación es igual a la limitación y, por consiguiente, no sólo significa línea limítrofe o fronteriza, sino también la creación de un adversario."

El yin y el yang

Hans Biedermann (*Diccionario de símbolos*) define una milenaria representación de dos fuerzas contrapuestas y complementarias, que se conocen como Yin Yang:

"Es la antigua representación china del sistema dual cósmico. Yin simboliza lo femenino, el norte, el frío, la sombra, la tierra, lo pasivo, la humedad, mientras que Yang representa lo masculino, el cielo, el sur, lo claro, la actividad, lo seco, y también el emperador. En tanto que en la vida cotidiana de la cultura de la antigua China se observa un predominio de lo masculino, en el lenguaje no aparece nunca la sucesión yang-yin, que propiamente requeriría para nuestros conceptos el practicado predominio del varón."

"Este predominio masculino –agrega Biedermann– proviene ciertamente de las asociaciones principalmente negativas que comporta el elemento yin. En teoría ambos principios deben concebirse como si poseyeran igual categoría. Su representación gráfico-simbólica se basa en el círculo, la imagen del Uno (Tai chi) primigenio del que surgió la polaridad yin-yang, un concepto filosófico que se remonta a Chu-Hsi (1130-1200 d.C.). La separación en los dos polos surge de una división en forma de ese, dos mitades de la superficie del círculo, atribuyéndose a la mitad *yin* la parte oscura y a la mitad *yang* la parte clara. Precisamente de esta polaridad se produce la creación de los cinco elementos y de la acción recíproca de éstos, la multiplicidad del mundo (las diez mil cosas)."

"Es importante el hecho de que como expresión de la mutua dependencia en la parte *yang* del círculo dividido hay un centro oscuro (también en forma circular) y en la parte *yin* un centro claro. Con ello quiere indicarse que no se trata de una pugna entre luz y oscuridad con pretendido predominio de uno de los dos principios, sino más bien de la expresión de buscar la totalidad complementaria del uno mediante el otro. En los diagramas del I Ching el *yin* está simbolizado por una línea interrumpida, y el *yang* por una línea entera."

Los fanáticos en las ciencias y en las artes

La antinomia es algo inherente a la condición humana, no patrimonio exclusivo de los fanáticos del fútbol.

En el ámbito profesional, elíjase cualquier disciplina científica y se verá la división de aguas entre dos corrientes que se yuxtaponen blandiendo opiniones divergentes. Desde los popes hasta los principiantes se alinean en dos (y a veces más) escuelas enfrentadas a muerte.

Cuando Roberto Matosas fue transferido de Peñarol a River Plate argentino por una cifra asombrosa los médicos de la institución le encontraron una afección cardíaca congénita que puso en peligro la transacción. Convocaron a los mejores especialistas argentinos, los doctores Cossio y Liotta, quienes difirieron en sus conclusiones.

Algunos años más tarde los mismos especialistas volvieron a enfrentarse a propósito de las técnicas de trasplante cardíaco impulsadas por el doctor Christian Barnard. Esta confrontación, ampliamente difundida por la prensa, bajó hasta las mesas de los cafés. Allí, en la tabla rasa de las libaciones, los nombres de Cossio y de Liotta pasaron a ocupar, mientras el tema sostuvo su notoriedad, los espacios destinados a las discusiones deportivas. Doy todo el oro del mundo por saber con qué argumentos un empleado administrativo adscribiría a la postura del doctor Liotta y qué razones esgrimiría un conserje de edificio de propiedad horizontal para quebrar una lanza por el doctor Cossio.

Las antinomias no son propiedad indelegable de las pasiones deportivas. En todas las manifestaciones artísticas –por más elevadas que éstas sean– se crean divisas entre dos insignes maestros o dos escuelas hegemónicas. Los demás forman filas detrás de los gurúes con un fanatismo tan vano como el hincha de un club de fútbol. Yo he asistido al bochorno provocado por aventajados alumnos de la escuela guitarrística de Martínez Zárate en un concierto brindado por alumnos de la corriente estilística de Abel Carlevaro. Invirtiendo los términos el bochorno era tan puntual como idéntico. No había gorros, banderas, ni estandartes. Pero tanto unos como otros se comportaban como hinchas de tablón, aun tratándose de la audición de una destreza artística.

Lo importante es competir

Dice Pierre Parlebas: "El deporte... es un sistema de reglas que define el universo de acción y comunicación de cada especialidad... Sin competición no hay deporte."

Este escritor francés fue uno de los primeros en observar la implantación del deporte en los países como un fenómeno globalizador donde la fuerza estaba dada por la unidad de los contrarios: "La insigne trampa del deporte consiste en fundar este combate en un juego cooperativo, en una *entente* previa. Los jugadores empiezan poniéndose implícitamente de acuerdo sobre el hecho de adoptar un sistema compartido de reglas: una lucha basada en una *entente.* El juego de oposición se basa en un infrajuego de cooperación. Esta es la clave que da su profundidad al deporte, que lo convierte en una alianza fundamental. Su indiscutible valor de socialización –para bien o para mal– descansa en esta arca de la alianza."

En Rosario, ciudad ribereña, de cierta semejanza con Montevideo, existe la conocida rivalidad entre Newells Old Boys y Rosario Central. Un grupo de simpatizantes de este último formó una obstinada institución, la OCAL (Organización Canalla Anti Lepra, donde los canallas son de Central y los leprosos, de Newells), que celebra todos los años un memorable gol en palomita de Aldo Poy contra su eterno rival. Munidos de un proverbial sentido del humor los miembros de la OCAL reciben esporádicamente algunas Encíclicas escritas por un misterioso Gran Lama. La última de estas cartas lleva por nombre "Odium Inutilis Est" donde sostiene la tesis de que no tiene sentido odiar a quien no existe.

Mucho no tardó en desatarse una discusión teológica al respecto. "Central y Newells –escribió José Luis Maia– fueron, son y serán realidades diferentes. Quien quiera desconocerlo no podrá ni siquiera empezar a entender el porqué de esa rivalidad única. Esta tiene raíces profundas y representa orígenes radicalmente opuestos. Pretender olvidar, distorsionar, ocultar y modificar realidades tan distintas, es un sinsentido, más aún cuando esas disparidades vienen desde la cuna."

El Gran Lama, escudado en el seudónimo de un amanuense de mayor prosapia, ha equivocado el camino. Vilipendiando al rival hasta negar su existencia compromete dramáticamente su propia razón de ser. Entender el fenómeno de la unión de los opuestos no significa quedar al margen del mismo. Se ama una divisa como se odia la del rival. Digan lo que digan Heráclito, Empédocles, Hegel, Popper y Marx. ¿Acaso forman parte de alguna famosa delantera? Tal vez hayamos encontrado la línea de avanzada de la historia. Pero en filosofía, como en fútbol, hay muchos equipos ideales y de todos los tiempos. Y muchas veces también uno se transforma en hincha (de ambas disciplinas, por supuesto).

El que encendió la chispa

En junio de 1912 visitó el Río de la Plata el conjunto profesional Swindon Town. La Asociación Argentina de Fútbol fijó la cancha de Gimnasia y Esgrima de Buenos Aires (Palermo) presidido por Ricardo C. Aldao.

Se obligaba a los socios de Gimnasia a pagar entrada, para afrontar los enormes gastos de la visita. Esto fue violentamente resistido por el club. Sin embargo los partidos se jugaron y todos pagaron entrada.

Esto produce el cisma en Argentina. Como protesta por esta actitud de la AAF se forma la Federación Argentina de Fútbol compuesta por los siguientes equipos: Gimnasia y Esgrima de Bs.Aires, Porteño, Independiente, Atlanta, Estudiantes de la Plata, Argentino de Quilmes y Kimberley (Mar del Plata). No tenían filiación internacional.

Ante esto la Liga Uruguaya reforma sus reglamentos (no olvidar que se estaba jugando la Copa de Honor Cusenier). El artículo 36, entonces, a partir de la reforma, permitía jugar con clubes desafiliados de la FIFA.

River juega en primera división desde 1908. boca, por su parte, recién gestionó ante la Argebntine Football Association su afiliación en marzo de ese mismo año y participó en los torneos de segunda división hasta 1913, cuando obtuvo el ascenso. Estos equipos participaron durante ese año y el siguiente con suerte diversa en torneos que tenían como protagonistas de mayor gravitación a Racing, Quilmes y Porteño.

En 1915 se produce un largo campeonato con veinticinco equipos unificados en la Asociación. River le ganó a Boca como visitante en Wilde dos a cero. Fuer uno de los primeros encuentros oficiales entre clubes vecinos.

La promoción de 1913 le generó a Boca una obligación no del todo prevista: mejorar las condiciones de la cancha. Anteriormente había obtenido del gobierno nacional un terreno con título precario en la isla Demarchi, detrás de la carbonera Wilson, de donde fue desalojado en 1912.

Alquiló entonces un terreno en Wilde, por 200 pesos mensuales. Pero, como contrapartida, perdió gran cantidad de socios.

El 25 de mayo de 19196 regresó al barrio con el estreno de un nuevo campo de juego en Ministro Brin y Pérez Galdós. Allí sufriría un nuevo desalojo. Sin lugar propio la gente igualmente apoyó y siguió a su club. Boca salió campeón en 1919,1920,1923 y 1924.

El ascenso de River

El 13 de diciembre de 1908 River disputó el ascenso con Racing y le ganó 2 a 1. Pero su adversario lo impugnó y hubo que jugar otro partido. El segundo encuentro fue ganado otra vez por River, con una diferencia aún mayor: 7 a 1. Al año siguiente obtuvo un honroso segundo puesto, detrás de Alumni.

Su líder era el back Chiappe, que fue varias veces internacional. Provenía del Barracas y jugó en River hasta 1918. Fue el más hábil en utilizar el pecho para detener la pelota y bajarla a los pies. Suplantó en los equipos internacionales a Jorge Brown y Zenón Díaz.

José Morroni, nombre y apellido de crack, quedó registrado como uno de los primeros *centrehalves* en honrar dicho puesto. También jugó en San Isidro. Había comenzado en Gath y Chávez. Posterior ente pasó a Nacional, luego a San Isidro y después a River.

En 1912 se produjo una división en las asociaciones de fútbol y en 1915 se unificaron en la Asociación Argentina de Football.

River Plate se instaló en su primera cancha y gastó 12 mil pesos en tribuna, cerco y alambrado. En 1913, el 13 de marzo, un viento huracanado destruyó la cancha de la Dársena Sur. Voló hasta la tribuna recién levantada. La reconstrucción fue encarada por socios y amigos, jugadores y dirigentes. Pero una medida dictada por el jefe del Movimiento del Puerto, Hardoy llevó a la orden de desalojo violento del esforzado club. Fue un golpe casi mortal. Los asociados intentaron incendiar las instalaciones con el fin de cobrar un seguro. La decisión se había tomado en la confitería Las Camelias, cuna del equipo millonario. El proyecto fue llevado a cabo con velas, diarios y otros elementos adecuados. Los autores presenciaron la acción desde la esquina de Gaboto y Pinzón. El incendio lo apagó una sudestada. Pero la desilusión pronto se instaló en ellos: habían olvidado renovar la póliza.

Con mucho sacrificio le alquilaron la cancha a Ferro Carril Oeste, la misma que había sido escenario glorioso del Alumni, donde jugó todo un año.

En lo deportivo se logra un primer puesto compartido con Racing en la sección A. Pero el desempate lo ganó Racing 3 a 0.

Entre 1919 y 1926 un nuevo cisma en la organización del fútbol determinó la existencia paralela de una Asociación y una Federación. Boca pertenecía a la Asociación y River a la Federación. Los campeonatos obtenidos por Boca en 1919, 1920, 1923, 1924 y 1926 los logró sin enfrentar a equipos "grandes" (River, Independiente, Racing y San Lorenzo), lo cual se consigna sin el ánimo de menoscabar la gloria de nadie.

Dale, Calumín

Pedro Bleo Journal se inscribió en la Liga para Boca. Nadie lo conoció con ese nombre, salvo sus familiares. Adoptó el apellido de la familia que lo crió: Calomino. No conoció nunca su verdadero origen y tributó a esa familia el homenaje de uno de los primeros ídolos que tuvo Boca. Se ganó el corazón de la hinchada al jugar en la punta derecha y corretear haciendo gambetas y bicicletas. Debutó oficialmente el 13 de abril de 1913 contra Estudiantil Porteño. Ganó Boca 4 a 2.

Jugaba con zapatillas de lona el "Calumín" (como le gritaban los genoveses de la tribuna) hasta que una norma de la Asociación lo obligó a calzar botines, tan incómodos para su deformado pie.

Jugó hasta 1924 cuando el mal de cataratas le nubló la vista y le impidió, en la plenitud de su energía, seguir su carrera.

Alfredo Garassini fue otro ídolo xeneize. Jugador de todos los puestos, hasta llegó a sustituir en una ocasión a Américo Tesoriere en el arco.

El apilador Cherro y Domingo Tarascone

A Cherro lo trajo su hermano Felipe desde Sportivo Barracas. Llegó un año después de la gira por Europa y por poco no alcanzó a jugar en la Bombonera. Es parte de la historia de Boca entre dos hitos de sus páginas.

Roberto Cherro era un gran gambeteador. Pero, como se diría ahora, siempre hacía "una de más", hasta que entendió que el jugador logra un mayor lucimiento cuando no se engolosina y dejar con las ganas a los espectadores.

Alguna vez jugó contra su antiguo equipo. Incluso le tocó enfrentar a su hermano. Pero el respeto por el pasado y por Felipe lo llevó a cambiar de punta para no tener que verse en la obligación de eludirlo. Jamás gritó un gol contra el team que lo vio nacer.

Tuvo sus tardes gloriosas. Y cuando el tiempo empezó a gambetearlo a él, colgó los botines y secundó a Ricardo Lorenzo "Borocotó" en Radio Splendid.

"Se entrenan mañana y tarde casi todos los días de la semana. Cuando llega el partido del domingo están tan cansados que no pueden casi correr", rezongaba Tarascone contra la novedad de mejorar el estado atlético. Claro, a él no le costaba mantenerse en forma. La década del ´20 lo tuvo como uno de los pilares de su equipo y de la Selección. Fue goleador en los Juegos Olímpicos de Ámsterdam. Una lesión lo obligó a una menor actividad en las canchas. Su retiro definitivo se produjo cuando un jovencito aplomado y con hambre de gloria le pisaba los talones: Francisco Varallo.

Capítulo 4
La gloriosa gira de Boca por Europa

Cuando el fútbol se estableció como una actividad respaldada por el entusiasmo popular s ya se perfilaban las preferencias. Boca, River, Racing, Independiente y San Lorenzo eran los nombres de los más destacados animadores de los campeonatos. La era de los ingleses había dejado atrás nombres tan gloriosos como Lomas, Alumni, Belgrano y San Isidro.

El fútbol reunía verdaderas multitudes a nivel local. Pero, salvo aisladas experiencias de vigorosas representaciones extranjeras (equipos ingleses y sudafricanos), y la tradicional rivalidad con el fútbol uruguayo (a través de torneos de Honor, Competencia, Cusenier, etcétera), le faltaba a la Argentina una audaz confrontación internacional. En toda Europa se jugaba al fútbol en estadios de gran envergadura que superaban, en algunos casos, la capacidad de 100 mil espectadores.

La idea de la gira surgió en el seno de la Asociación Argentina de Football, con motivo del éxito uruguayo en los Juegos Olímpicos del año anterior, realizados en París, en los que Argentina intervino en otros deportes (como el polo, disciplina en la que obtuvo la medalla dorada), pero no en fútbol.

Para entender el espíritu de esta gira hay que considerar los antecedentes de los equipos uruguayos que pasaron por Europa, ya que Boca caminó sobre las huellas dejadas por el equipo rioplatense ganador en su itinerario previo al triunfo olímpico de París. El Liberal, comentando en España las esperanzas del triunfo del equipo argentino, según una declaración de

Tesoriere, dice en forma humorística: "Los simpáticos argentinos vienen dispuestos a dejar en ridículo a los uruguayos ¡vaya unos humos!".

Un periódico gallego publica un comentario referido a la llegada de Boca, que el diario porteño La Argentina reproduce en sus páginas: "Antes del viaje de los jugadores guipuzcoanos a Sudamérica los españoles creían en la superioridad de su técnica, pero su excursión les demostró que los sudamericanos disponen de excelentes elementos individuales y de un conjunto acabadísimo. La venida de los uruguayos a España y su triunfo en la Olimpíada de París les ha convencido de que si el equipo argentino tiene igual valor que el uruguayo, como se dice, deben prepararse para verlo triunfar, y en tal caso admiremos su juego y saquemos de él provechosas experiencias".

Por otra parte la gira de Boca se debe observar junto a la que simultáneamente realizó el Club Nacional de Montevideo. Dos años de fatigosas travesías sembraron la idea de que en el Río de la Plata estaba la mejor tradición futbolística y los más diestros alumnos que pudiera haber tenido el precursor inglés.

Las dos delegaciones partieron desde Montevideo en embarcaciones diferentes. Boca lo hizo en el Vapor de la Carrera hacia la capital uruguaya y luego abordó el Formosa, que apuntó al puerto gallego de Vigo; Nacional embarcó en un crucero inglés que se dirigía al Canal de la Mancha. De allí la delegación llegó a París, para jugar su primer partido en el mismo estadio de Colombes, escenario de gloria olímpica para el Uruguay.

Promesas imposibles

Que el fútbol rioplatense copara los escenarios europeos fue la consecuencia de una baladronada de Atilio Narancio, presidente de la Asociación del Fútbol uruguaya: a falta de fondos prometió a los jugadores celestes que si obtenían el Sudamericano de 1923 (a disputarse en Montevideo), como premio los llevaría a Europa a intervenir en el Campeonato Olímpico de fútbol. Uruguay obtuvo el trofeo y Narancio, para cumplir con su compromiso, debió sortear dos inconvenientes: la falta de dinero y el hecho no menor de que Uruguay no tuviera afiliación olímpica.

Para resolver el primer problema entrevistó al presidente de Nacional, Numa Pesquera, un próspero comerciante de Montevideo. Este le firmó un cheque en blanco para que dispusiera la realización de la gira. Narancio no le fue en zaga: hipotecó su casa para propiciar el proyecto. Ambos eran ejemplos de transparencia y noble deseo de trascender.

No era una época de empresarios que se movieran en el ámbito del fútbol sobre réditos seguros.

En Boca pasó algo similar. Félix Isasmendi fue un socio boquense que se costeó el pasaje y siguió a la institución en la gira. El Gráfico dice que la aventura de descubrir Europa con un equipo de fútbol fue idea del periodista Hugo Marini, jefe de deportes del diario Crítica. Idea que fue recogida por tres representantes de la colectividad española: Zapater, Isasmendi e Ibáñez, quienes se convirtieron de hecho en los primeros empresarios del fútbol, aun en plena época amateur. Se eligió Boca Juniors porque era el bicampeón de la Asociación Argentina de Fútbol, con el refuerzo de cinco jugadores de clubes amigos. Y es significativo que los clubes apoyaran la gesta de uno delos suyos. Le daban al club xeneize verdadero carácter de selección. Es más: hubo un ramo de flores en el momento de la partida que, en nombre de River Plate, les entregó Guinzarain, capitán no sólo del más enconado adversario de Boca sino uno de los más importantes animadores de los torneos organizados por la Federación.

Partieron el 4 de febrero de 1925 y regresaron casi cinco meses más tarde, el 2 de julio.

Lograron 15 triunfos sobre 19 partidos. La estadística dirá que tuvieron 40 goles a favor y 16 en contra. Durante la gira el club cumplió sus primeros veinte años de vida.

Integraban el plantel: Carlos Antraygues, Ludovico Bidoglio, Mario Busso, Antonio Cerotti (jugó todos los partidos), Alfredo Elli, Alfredo Garasini, Angel Segundo Médici (jugó todos los partidos), Ramón Mutis, Dante Pertini, Carmelo Pozzo, Domingo Tarasconi (hizo un gol con furibundo remate al famoso arquero catalán Zamora) y Américo Tesoriere.

Los invitados: Roberto Cochrane (Tiro Federal), Octavio Días (Rosario Central), Cesáreo Onzari (Huracán), Miguel Seoane (El Porvenir) y Luis Vaccaro (Argentinos Juniors).

Las respectivas giras de Boca Juniors y Nacional por Europa ratificaron la magia y el prestigio obt5enido en poco tiempo por el fútbol rioplatense. Fueron itinerarios distintos: Boca recorrió España, Francia y Alemania; Nacional, cuyos dirigentes ya contaban con la experiencia previa dela selección uruguaya, abarcó Francia, Italia, España, Holanda, Checoslovaquia, Bélgica, Austria y Suiza.

También la selección de Brasil andaba de gira y enfe3ntó a rivales comunes.

Jugaron a estadio lleno casi siempre. En algunos lugares sufrieron hostigamientos y debieron apelar a la hombría bien entendida para salir airosos.

Un dato curioso lo constituye el hecho de que Boca Juniors, los xeneizes, no se hubiera presentado en Génova, como lo hizo Nacional el 5 de abril. En esa fecha la delegación argentina jugó en Bilbao. También es cierto que el equipo uruguayo sólo disputó un partido en Italia, país que aparentemente mostraba cierta animosidad para con los equipos sudamericanos.

Tesoriere y Elli (capitán) fueron los técnicos de una travesía que duró cinco meses. “Los fanáticos de Boca –cuenta Enrique H. Panaro en su libro Con el corazón en la Boca–, ansiosos por enterarse delos resultados del club de sus amores, esperaban largas horas frente a la pizarra del diario La Prensa en la avenida Almirante Brown. En las pocas oportunidades que perdieron, rostros desconsolados acompañados de discretas lágrimas se dispersaban en silencio."

Cuando el buque de regreso atracó en Montevideo ya se hablaba deque en el puerto de Buenos Aires se estaba congregando una multitud ávida de premiar a sus héroes con el más estruendoso aplauso. Dice Milanta (La mitad más uno) que en ese barco también venía un ya famoso científico de cuarenta y seis años de edad quien, al ver el gentío, pensó que era en su honor la extraordinaria recepción. Se trataba de Alfred Einstein. No había ecuación matemática que explicara el fervor de los hinchas de Boca por sus colores.

Capítulo 5
La migración de las canchas

El gran problema de las modestas y entusiastas instituciones deportivas en los albores del fútbol argentino fue la radicación de sus respectivos escenarios de juego. No escaparon a ese nomadismo cotidiano los primitivos equipos de River y Boca. Y no era sencillo resolver el dilema porque la necesidad imponía encontrar un terreno con dimensiones adecuadas, necesariamente cerca de los centros poblados.

Si revisamos los ejemplos delos países europeos encontraremos experiencias no repetidas en el Río de la Plata. El temprano profesionalismo inglés se vio favorecido por4 el soporte de muchas fábricas que disponían no sólo de capital para financiar instituciones cautivas sino de campos allanados para la práctica deportiva y mejorados con comodidades para jugadores y asistentes. En otros lugares, como en Alemania y Francia, el fútbol se desarrolló en los velódromos, donde la infraestructura ya estaba y sólo había que ocupar el terreno circundado por la pista.

Otro paso que no se cumplió en la Argentina fue el soporte de los gobiernos comunales. Todos y cada uno de los emprendimientos para la construcción de estadios tuvo como protagonistas a visionarios dirigentes. Para ejemplos bastaría mencionar el estadio Centenario de Montevideo, el Mario Filho (Maracaná) de Rio de Janeiro y el estado Nacional de Santiago de Chile. La estructura municipal se hizo cargo de la construcción y del mantenimiento de esos estados de modo tal que, por lo general, resultan más grandes y confortables que los encomiables esfuerzos de los directivos locales (con la posible excepción del Monumental de River).

Acerca dela movilidad de las canchas, Mario Sabugo (en su artículo "Canchas son amores", revista *Ambiente*, Nº40) aventura tres explicaciones: "La primera es que siendo trasladadas o aniquiladas de tanto en tanto no tienen una posición fija, no son monumentales. La segunda es que no han podido fijarse por razones de circunstancia, porque la antigüedad del rito es poca 'milenariamente hablando' o porque han sido removidas por fuerzas hostiles o desentendidas de los monumentos y de los rituales comunitarios. La tercera es que las canchas son una especie de monumentos sin fijación (monumentos bohemios) relativamente autónomos del sitio, a la manera de algunas tribus australianas que constituyen su centro mítico-ritual con un poste (un axis mundi) que pueden retirar, llevar consigo o reinstalar tantas veces como sea necesario".

El barrio de la Boca, escenario de los primeros "fields"

La primera cancha de River fue la del lado este de la Dársena Sur, sin arcos, sin alambrar, sin casilla, totalmente pelada. A instancias de uno de los gerentes de la carbonera Wilson, los directivos obtuvieron dos postes para suplantar las piedras o los montículos de sacos. El travesaño era una soga.

Leopoldo Bard y Livio Ratto aportaron, desde el hospital Muñiz, una casilla y el letrero indicador, Enrique Salvarezza ofreció el alambrado. Así se fue formando un modesto escenario, hecho verdaderamente a pulmón.

Pero una orden del Ministerio de Agricultura desalojaba River de su campo.

Emigraron muy lejos del lugar dando inicio a un largo peregrinaje.

Detuvieron su marcha en Sarandi. El progreso se manifestó en una nueva casilla y baños precarios. Allí llegó el señor Williams, de la Asociación, a verificar el cumplimiento de los requisitos reglamentarios. El baño era uno de ellos. En la Historia de River, campeón de campeones, de Rubén René Macchi, se cuenta que "existían duchas de buen funcionamiento: se daba vuelta la llave y caía agua. Aprobado, entonces. Lo que ignoraba el dirigente veedor era que, sobre el techo, dos entusiastas muchachos arrojaban cuidadosamente el agua con un balde".

Pero Sarandi quedaba lejos de la Boca y los simpatizantes no estaban en condiciones de trasladarse tan largo trecho para ir a una cancha alejada del ferrocarril.

Alguien propuso regresar al campo de la Dársena, de la que los habían desalojado. Y se les dio. River volvió en 1917 al barrio. Entonces se registró la primera gloria: el único y definitivo ascenso.

La cancha de la Dársena Sur, sector oeste, estaba ubicada en áreas de terreno bajo y pantanoso ganado al río y rellenado con residuos de carbón, hierro y tierra, extraídos de excavaciones. La zona era propiedad de Nicolás Mihanovich.

La comisión directiva gestionó con los ingenieros agrónomos Benito Carrasco y Vidal Freyre (ambos de gran renombre) los trabajos de referencia. El arquitecto Bernabé Messina supervisó la construcción de graderías y tribunas. Al 50 por ciento del valor de plaza se construyó una tribuna de 74 metros de largo por 7 de alto con 18 grados (´paralela a la calle Gaboto). Sobre Pinzón había otra de 120 metros con 4 gradas.

En 1927 hubo modificaciones y se agregaron boleterías para sectores populares. Los señores Ratto y Malugani formalizaron una donación para instalar agua destinada a los baños.

Al año siguiente fueron pintadas las tribunas y las gradas; se habilitó un palco para el periodismo y se construyeron desaguaderos y obras de riego.

De sur a norte

En 1922 la cancha de River deja el barrio de la Boca (no así su secretaría, que estuvo por mucho tiempo más en la avenida Almirante Brown). Pero el traslado no obedece, como aún muchos suponen, a una intencionalidad manifiesta o solapada de los dirigentes del club. River abandonó el barrio boquense en procura de un mejor terreno de juego y no de una zona que se ajustara a su aureola de equipo "cajetilla". Si Sarandi les parecía lejos para mantener el favor de una hinchada portuaria, los terrenos del Ferrocarril al Pacífico estaban considerablemente más distanciados de su radio de acción. Como contrapartida el nuevo lugar ofrecía gran facilidad de acceso a través de diferentes líneas de tranvías. La franquicia para viajar desde la Boca hasta la Recoleta y Sarandi era inversamente proporcional a la distancia. La hinchada darsenera colaboró para el traslado del palco de madera y los tablones para las tribunas.

El Club Estudiantes de Buenos Aires precedió a River en la mudanza de sur a norte. Tuvo su primera cancha en el dique portuario Nº 2, antes en poder de una institución inglesa (Madero Rangers). Pero en 1900 se fue a la avenida Alvear, cerca de conde se le adjudicó el *field* a Estudiantil Porteño.

También Independiente había logrado ingresar a la Asociación Argentina de Football. En su peregrinar por la zona de Flores y de La Paternal, los futuros Rojos de Avellaneda recalaron en el concurrido predio del Ferrocarril al Pacífico donde no sólo había varias canchas de fútbol sino que también se practicaba bastante a menudo la partida de globos aerostáticos. La Escuela del Oeste les cedió un terreno de 100 metros de frente por 120 de fondo en la zona de ejercicios en la avenida Alvear y Tagle, la que después ocuparía River Plate. La arreglaron, la retocaron, colocaron arcos, redes, banderines, marcaciones, etcétera. Pero llegaron los inspectores de la Asociación y dejaron estupefactos a los dirigentes de Independiente: "¡La cancha no sirve!". Sus atónitos directivos quisieron saber el porqué. "Porque le falta pasto". ¡Menudo olvido!

El itinerario de los xeneizes

La primera cancha de aquellos ilusionados jóvenes de la plaza Solís fue concretada el mismo año de su fundación. 1905, en el costado este de Dársena Sur, un potrero en las adyacencias de la Italo Argentina de Electricidad, en la manzana formada por Pedro de Mendoza, Colorado, Senguel –ahora Benito Pérez Galdós– y Gaboto. Se trataba de un verdadero portero que ni casilla tenía, por lo cual los *players* se cambiaban en una casa vecina.

En 1907 Boca tenía su cancha (es una manera de decir) en el mismo lugar donde después se construyó una usina de la compañía de electricidad, en Colorado y Pedro de Mendoza. "Era, en realidad –dice Priano, socio número uno de Boca– un potrero donde durante el día se domaban potros y transitaban carros de toda categoría. Para subsanar los desperfectos que se producían, todas las noches los socios regábamos el terreno y lo aplanábamos borrando las profundas huellas que volvían a marcarse el día siguiente. Los arcos se colocaban los domingos y eran guardados en unas casillas, en Colorado 58" (revista *Alumni* Nº39,1933).

En 1908 el club se mudó a las proximidades de la famosa Carbonera Wilson, donde estableció su segundo *field*. Al afiliarse a la Argentine Football Asociation, debieron instalarse en la isla Demarchi, un predio cedido en forma precaria por el gobierno. A pesar de las promesas recibidas fueron desalojados años más tarde, después de invertir más de 10 mil pesos en mejoras, tales como nivelación y rellenado.

Hubo una tercera cancha que sólo cobijó a la institución por pocas horas, en unos terrenos aledaños. Luego se estableció en los terrenos que hoy ocupan las oficinas de Correos y Telecomunicaciones. Todas esas canchas de 1908 estuvieron ubicadas en territorio de la isla Demarchi, abandonada en 1912. "La primera cancha de Boca Juniors digna de llevar ese nombre –agrega Priano– fue instalada en la calle Brasil, después del puente y cerca del balneario donde hoy funciona el garaje del Correo."

La quinta cancha de Boca estaba en la localidad de Wilde, predio alquilado desde 1914 al que también hubo que hacer mejoras.

Dos años después se produjo el ansiado regreso a las fuentes: Ministro Brin y Senguel (Benito Pérez Galdós), con las tribunas y algunas otras instalaciones que estaban en Wilde.

Por último, en 1923, después de tantas postas por lugares cercanos y lejanos, los xeneixes se establecieron en Brandsen y Del Valle Iberlucea, emplazamiento definitivo donde fue colocada la piedra fundamental del primer estadio boquense, una humilde cancha al estilo inglés, con tribuna techada y el resto a tablón puro y alambrado. El 6 de junio de 1924, con la base del equipo para la gira, Boca le ganó a Nacional de Montevideo por 2 a 1.

El nuevo estadio de River

Tras lograr que la administración del Ferrocarril al Pacífico arrendara un terreno de su propiedad en el lugar antedicho, se firmó un contrato por cinco años, con opción a otros cinco años más. River pagaba un alquiler de 500 pesos mensuales.

En la avenida Alvear y Tagle se iniciaron los trabajos del nuevo estadio bajo la dirección de José Bacigaluppi, a quien secundó Julio José Degrossi. Ya figuraba en la lista de vocales un histórico dirigente: Antonio V. Liberti.

Se firmaron varios contratos de publicidad, la primera experiencia en la materia. El acordado con la empresa Jonson le aseguraba a ésta el derecho exclusivo sobre la cancha. Otro contrato le garantizaba a *Pour la Noblesse* la venta de cigarrillos por un alquiler de 150 pesos mensuales.

La cancha se inauguró el 20 de mayo de 1923. sin embargo, muchos partidarios quedaron en la Boca.

El estadio tenía dos grandes tribunas: una, oficial , que miraba hacia el norte, con 38 escalones de 120 metros de largo, y la otra, opuesta, de 28 escalones y el mismo largo. Sobrelos lados este y oeste se levantaron rampas de tierra, una de ellas escalonada. Después aparecieron las tribunas. Debajo de las mismas se hicieron los vestuarios para locales y visitantes, bufé, sala de primeros auxilios, secretaría, salón de fiestas, peluquería, vestuarios para socios y guardarropas.

Tenía cuatro canchas de tenis, una de básquet, una de voley y tres de bochas, pileta de natación, plaza de juegos y ejercicios con aparatos.

River empezó a ser un grande por su concepción social y por su gran inversión en instalaciones destinada a la captación de nuevos socios.

En 1923 fue tercero detrás de San Lorenzo (campeón) e Independiente. Desde el cisma seguía sin jugar ante Boca.

En 1925 quedó en el quinto puesto y ya no pudo subir posiciones hasta la era del profesionalismo. En 1928, tras la unificación, fue séptimo en un lote de 35 equipos, del que Boca clasi8ficó segundo como escolta de Huracán.

Existe tal vez una correlación entre las inversiones edilicias y los resultados deportivos. Al forjar su estadio, River no pudo distraer fondos para la adquisición en nuevos jugadores para su plantel.

El 24 de mayo de 1926 la i9nstitución festejó sus Bodas de Plata. Boca Juniors adhirió a la celebración donando una copa para ser disputada en un encuentro entre los dos equipos.

Los mejores intendentes porteños alejan al fútbol de las luces porteñas

Buenos Aires crece al influjo de una gran tarea municipal de Torcuato de Alvear quien impulsa el diseño de parques y revaloriza la zona de lo que sería la Avenida del Libertador. Esto apresuró el deseo de erradicar las canchas de la zona en torno a Alvear y Tagle. Este intendente eliminó los famosos "terceros", arroyos de aguas servidas que corrían por calles de cauce profundo.

De 1884 data una ley por la que se acepta la cesión que hacía la provincia de Buenos Aires del territorio que hoy constituyen los barrios San José de Flores y Belgrano. La superficie del territorio de la ciudad de Buenos Aires pasó de 4.000 a 18.584 hectáreas.

En 1906 un hijo de Torcuato de Alvear, Carlos T., expropió la "quinta de Hale" en la Recoleta para formar allí, subdividiéndola y enajenándola, un barrio-parque destinado a transformar por completo esa zona de la ciudad.

Los centros deportivos y los espacios verdes sufrieron continuos cambios simultáneamente con el desarrollo de los clásicos clubes de la ribera. Y la zona accesible para la implantación de *fields*, como lo era la intersección de Alvear y Tagle (frente a las actuales instalaciones del Canal 7 de televisión), venía siendo acorralada por la monumental actividad municipal de integrar ese territorio a los más conspicuos paseos porteños. Ya el intendente Pinedo en 1893 había ampliado el Parque Tres de Febrero y obtuvo de las empresas ferroviarias el levantamiento de sus vías con el consiguiente emplazamiento sobre viaductos de hierro, que aún hoy permanecen como integrados al paisaje y la vegetación.

Llevaba el doctor Naón un vasto plan de obras y mejoras para realizar en el gobierno, desde la urbanización de los suburbios hasta la construcción de estadios y fomento del deporte como complemento de sus preocupaciones sanitarias. Por desinteligencias vinculadas con la política electoralista, Naón renunció a su cargo.

Había hecho carne en esos administradores la integración del deporte a la vida urbana. Pero priorizaron la parquización y el paseo de sus pobladores. Esas fueron las razones que determinaron el levantamiento del estadio de River Plate y su posterior y definitiva ubicación en Núñez.

Capítulo 6
El profesionalismo como tabú

Con la irrupción del profesionalismo en 1931 el clásico River-Boca comienza a vivirse con un vigor inusitado. Instalado River en una zona opuesta a la Boca en muchos sentidos (pleno barrio de la Recoleta) la antinomia adquiere otros valores concomitantes. Es interesante destacar el hecho de que, cuando los jugadores realizan su primer match rentado, los incidentes dentro y fuera de la cancha se multiplican peligrosamente. El amateurismo no había promovido tanta pasión, curiosamente.

Parecería no tener demasiado sentido comparar el concepto de tabú estudiado por Freud a partir dela experiencia de pueblos primitivos y uno de los preceptos olímpicos más aferrados a la tradición como lo es el amateurismo. Sin embargo hay un hilo conductor que une los dos conceptos.

Una receta culinaria

Denis Witley, en *The Double Win*, cuenta lo siguiente: "Roberto tenía muchas razones para casarse con Paulina y sus habilidades culinarias estaban entre las primeras diez. Por consiguiente, pasó algún tiempo antes de que se atreviera a preguntarle sobre un hábito raro que él había observado; cada vez que ella cocinaba un peceto, primero le cortaba las dos extremidades. Cuando por fin le preguntó por qué lo hacía, ella le contestó alegremente: Esta es la forma en que lo hacía mi madre."

"No enteramente satisfecho –sigue relatando Witley– pero sin querer presionarla más, Roberto esperó hasta la próxima visita que hicieron a los padres de Paulina. Le hizo la misma pregunta a su suegra, y ella respondió: Pues, ésa era la forma en que mi madre siempre lo cocinaba."

"Resuelto a llegar hasta el fondo de ese misterio culinario, Roberto hizo un alto en su camino después del trabajo para visitar a la abuela de Paulina y, como sin darle importancia al asunto, le preguntó: ¿Por qué le corta las puntas al peceto antes de hornearlo? Tengo curiosidad de saberlo, dijo sonriendo. Ella lo miró con cierta sospecha y respondió secamente: Porque el recipiente para hornear es muy pequeño".

Es muy común que un hecho actual haya tenido un origen desconocido y la tradición haga que se repita sistemáticamente, sin que se sepa exactamente por qué se ejecuta. El amateurismo en el deporte, que los integrantes del Comité Olímpico Internacional han defendido obstinadamente, tiene una increíble semejanza con esos hechos cotidianos que carecen de sentido, tan pronto como se los investigue levemente.

Hemos visto que los británicos reglamentaron los deportes colectivos entre 1860 y 1870, es decir, cuando las leyes laborales y la lucha de los obreros produjeron una reducción de las jornadas de trabajo a 10/12 horas y se estableció el asueto desde el mediodía de los sábados.

Dice Mabel Landini, en *El deporte, profesión y espectáculo*: "El Amateur Athletic Club de Inglaterra, creado en 1886, establecía en su acta de fundación la siguiente norma limitativa para determinar las condiciones de ingreso: Es aficionado todo caballero que nunca haya tomado parte en una competición pública; que no haya combatido con profesionales por un precio o por dinero que proviniese de las inscripciones o de cualquier otro sitio; que en ningún período de su vida haya sido profesor o monitor de ejercicios de ese tipo como medio de subsistencia, que no sea obrero, artesano ni jornalero."

Esta autora hace referencia a "la irrupción de grandes masas hacia las actividades deportivas" en los albores del nuevo siglo. Supone que lo hicieron como deportistas y no como espectadores, aunque más adelante reconoce que "las tendencias hacia la práctica masiva del deporte fueron canalizadas, finalmente, hacia un tipo de participación pasiva, asignándosele a la mayoría de los interesados en la actividad deportiva el mero papel de espectador" que "conformará un amplio mercado de consumo."

Todos somos iguales

Cuando se iniciaron las modernas Olimpíadas, Pierre de Coubertin y un grupo de dirigentes tenían en mente los deportes individuales como característica determinante de los juegos. Sin embargo reconocían las ventajas del juego colectivo. "Los competidores aprenden, cuando trabajan en equipo, a no tener en cuenta las diferencias económicas, sociales, raciales y religiosas. (...) Se desarrolla la moral grupal con los valores de los deportes individuales."

Se lo tiene a Pierre de Fredi, barón de Coubertin, como un precursor del deporte moderno, y no está del todo mal la idea. Con fines claros o encubiertos fue él quien ideó la realización de los Juegos Olímpicos a la manera del espíritu griego. Desde su ángulo de deportista y pedagogo sostenía que "el deporte puede movilizar tanto las pasiones más nobles como las más viles; desarrollar tanto el desinterés y el sentimiento del honor como el amor por la ganancia, la caballerosidad y corrección, como la vileza y la bestialidad; en fin, tanto puede emplearse para consolidar la paz como para preparar la guerra". Y en una síntesis de su tabú conceptual, agregaba: "La pasión por el dinero amenaza con pudrirlo todo hasta la médula."

Lo importante, para Pierre de Coubertin, era competir. Los atletas, antes de obtener más y mejores marcas, deberían por sobre todas las cosas, continuar con desinterés la obra iniciada por los pioneros. "Así se verían excluidos de la competencia –señala Mabel Landini-todos aquellos que escondieran deslealtad y tuviesen la intención de lucrar con sus aptitudes físicas."

Los deportes en equipo se desarrollan cuando la sociedad, en el industrialismo, comienza a trabajar, en grandes fábricas, donde se prioriza el esfuerzo de ensamble y de equipo. Cuando el hombre común tenía que trabajar 70 horas por semana y la iglesia le negaba la práctica de los deportes dominicales, su participación deportiva era pequeña y pocos los deportes que practicaba. La palabra *caballero* (noble de nacimiento) era casi sinónimo de "amateur".

El 23 de junio de 1894 se reunió un Congreso Internacional en La Sorbona, París, con la presencia de delegados de 12 países, para la creación de los nuevos Juegos Olímpicos. Pero el objetivo central de dicho congreso era, básicamente, la defensa del amateurismo contra los daños de un profesionalismo, en ese momento, triunfante y desbordado.

El Comité Olímpico Internacional, en 1958, hacía una interpretación de la regla número 26 sobre amateurismo (tomada de John O. Vawther):

"Las personas subvencionadas por gobiernos e instituciones educacionales, o relacionadas con los negocios a causa de sus destrezas atléticas no son amateurs. Las empresas comerciales y los individuos relacionados con el comercio emplean a veces atletas, equipos atléticos obtienen empleos remunerados con poco trabajo y mucho tiempo libre para la práctica y la competición deportiva con miras a la exaltación nacional, los gobiernos suelen adoptar métodos similares y proporcionalmente a los atletas cargos en el ejército o en la policía o en una oficina del gobierno. Asimismo dirigen y sostienen campos de entrenamientos durante largos períodos. Algunos colegios y universidades ofrecen a los atletas destacados becas y estímulos de varios tipos. Los que reciben estas ventajas especiales, que les son concedidas debido a su destreza atlética, no son amateurs."

Sin embargo los viejos nobles carcamanes del COI no tenían reparos en compartir la lumbre de la llama sagrada con todos los países del área socialista. Y esto no es porque Samaranch hubiera abrazado los preceptos de esas sociedades sino porque era en dichos países donde el deporte no significaba –por lo menos en términos teóricos– una posibilidad inmediata de ascenso social.

El ocio es para los ricos

¿Por qué en los Juegos Olímpicos sólo participaban deportistas amateurs? Porque el olimpismo nace cuando aumenta el ocio en el trabajo industrial.

La idea hegemónica es que los deportistas deben seguir siendo trabajadores, es decir, no alienta el olimpismo el ocio total o la dedicación rentada de un deporte para no dar malos ejemplos a la sociedad en su conjunto. El elitismo de estas sociedades se expresaba a través del ocio. Las clases altas podían darse el lujo de salir de caza, jugar golf, tenis, cricket, porque les sobraba ocio (porque les sobraba plata). Pero les causaba horror que un obrero de Cardiff, por el solo expediente de pegar estupendas boleas con su pala de cricket, o por manejar bien la pierna en un campo de fútbol, pudiera entreverarse en la conversación con dinero y sin alcurnia.

El COI albergaba la esperanza de que los deportistas siguieran siendo eternamente amateurs, es decir, personas con tiempo de ocio disponible para practicar deporte. Los ricos, en una palabra.

Los juegos Olímpicos concentran la atención internacional a un nivel sólo comparable con los Mundiales de la FIFA. Recaudan por derechos de televisión una suma millonaria de dólares. Se han aburguesado. Bajaron la guardia y han establecido normas que morigeran el tabú. Aún así la llama olímpica sigue recelosa de promover el profesionalismo. A esta altura, ni ellos entienden por qué. El Comité Olímpico Internacional (COI) es hoy, simplemente, El Club, como lo llaman Simson y Jennings (*Los señores de los anillos*): "El Club es una de las sociedades cerradas más secretas, poderosas y lucrativas del mundo. Sus líderes son un puñado de presidentes que se ascienden a si mismos. Entre ellos, los miembros del Club manejan el deporte mundial."

Rodolfo Cárdenas en "*Los porteños, su tiempo, su vivir*" enfatiza las diferencias y semejanzas entre los Juegos antiguos y los modernos: "En la Grecia antigua, que tanto valoró el ejercicio, quizá fue donde más se ensalzó a los vencedores. Es cierto que el triunfador de las Olimpíadas sólo recibía una corona de laureles; pero luego vivía cubierto de homenajes y a costa del Estado".

Jefferson Pérez, de Ecuador, ganó en Atlanta 96 la medalla de oro en Marcha de 20 km., con 1 hora 20 m. 07 seg., la primera obtenida por su país en todo el historial de los Juegos. Le asignaron una pensión estatal de por vida.

Deporte, según algunas interpretaciones, deriva de *disporte*, sustraerse al trabajo.

"Los cinco anillos entrelazados –insisten Simson y Jennings– son ahora, en términos monetarios, uno de los más valiosos productos de consumo del mundo. Hace apenas un cuarto de siglo tenían un valor mucho más preciado. No se podían comprar. En esos años un alto directivo del COI, Avery Brundage, a menudo enviaba circulares desde Lausana negándoles a los competidores y a las federaciones el derecho a exhibir distintivos comerciales en su ropa. Inclusive estableció una comisión para la Protección de Emblemas Olímpicos con la intención de evitar que los anunciantes explotaran los anillos. Esta comisión ha sido reemplazada, bajo el gobierno de Samaranch, por la comisión para las Nuevas Fuentes de Financiación, la cual se encarga de vender el emblema al mejor postor."

Más allá de sus nobles intenciones el barón de Coubertin estableció una barrera para contener la invasión de los más bajos estamentos sociales al cenáculo de la alta sociedad europea. La idea de retomar los Juegos Olímpicos de la antigüedad puede atribuirse a su gran cultura helenística pero, de ninguna manera, a enlazar aquel viejo espíritu griego. No hay continuidad entre una idea y otra, como no la hay entre el fútbol actual y el calcio florentino.

Desde que los Juegos Olímpicos se han convertido en una industria ecuménica, donde una docena de privilegiados sponsors engordan el espíritu y la materia de la más rancia nobleza, el dóping encubierto ha invadido los récords. El reservorio de la moral, del fair play y del amateurismo está bien lejos de los Juegos Olímpicos, como pueden estarlo un arzobispo de las llagas de Cristo o un burócrata chino de las barbas de Marx. Es falso todo su oropel. Hasta resulta dramáticamente embaucadora la ceremonia del encendido de la tea olímpica de Barcelona 92 donde un afiatado arquero disparó su flecha desde unos doscientos metros. La llama crepitó en el instante en que la saeta pasaba de largo (imagen que mostró la televisión, no el mismo día, claro). Muchas cosas son aparentes en el mundo del olimpismo, incluido el fair play y el noble desinterés por el dinero.

El tabú, prohibición sin fundamento

Freud explica la palabra de origen polinesio *tabú* como de contenido ambivalente: lo sagrado y lo inquietante. Agrega que "lo contrario de tabú es *noa*, o sea, lo ordinario, lo que es accesible a todo el mundo." (*Totem y Tabú*).

Hay otro concepto interesante en su enfoque: "Las restricciones tabú son algo muy distinto de las prohibiciones puramente morales o religiosas. No emanan de ningún mandamiento divino sino que extraen de si propias su autoridad. Se distinguen especialmente de las prohibiciones morales por no pertenecer a un sistema que considere necesarias en un sentido general las abstenciones y fundamente tal necesidad. Las prohibiciones tabú carecen de todo fundamento. Su origen es desconocido. Incomprensibles para nosotros, parecen naturales a aquellos que viven bajo su imperio."

Insistiendo con Freud, o con Wundt, citado por aquél, "si entendemos por tabú... toda prohibición impuesta por el uso y la costumbre o expresamente formulada en leyes, de tocar un objeto, aprovecharse de él o servirse de ciertas palabras prohibidas... habremos de reconocer que no existe un solo pueblo ni una sola fase de la civilización en los que no se haya dado una tal circunstancia."

La clave de la comparación me parece encontrarla en este otro concepto de Wundt, complementado por Freud: "Las modificaciones que el tabú presenta en los pueblos de una cultura algo más avanzada... han sido reconocidas por el mismo Wundt como puramente superficiales. La mayor diferenciación social en ellos existente se manifiesta en el hecho de que sus reyes, jefes y sacerdotes ejercen un tabú particularmente eficaz y se hallan asimismo más obligados y limitados que los demás, por restricciones de ese género." Aparece, entonces, el tabú como un elemento manipulador por parte de los poderosos. Y aunque el propio Freud admita que "las fuentes verdaderas del tabú deben ser buscadas más profundamente que en los intereses de las clases privilegiadas" es evidente que existe una manipulaciòn, por superficial que resulte, con el objetivo inducido o taxativo de someter o dominar.

Dice Freud más adelante (ibid, pág. 1770): "El tabú ha acabado por constituir en los pueblos de que nos ocupamos la forma general de la legislación (...) Tal es el caso de los tabúes impuestos por los jefes y los sacerdotes para perpetuar sus propiedades y privilegios."

Es desde este ángulo que me permito tomar el concepto de tabú para establecer una comparación con el más reciente tabú, el de prohibir la recepción de recompensa monetaria para practicar cualquier deporte olímpico.

Objeto de deseo

"Dado que el tabú se manifiesta principalmente por prohibiciones –agrega Freud–, podríamos suponer, sin necesidad de buscar confirmación alguna en la investigación de las neurosis, que tenía su base en deseos positivos. No vemos, en efecto, qué necesidad habría de prohibir lo que nadie desea realizar; aquello que se halla severamente prohibido tiene que ser objeto de un deseo."

Lo que estaba prohibido, por esos barones elitistas que se sintieron alumbrados por la llama olímpica, era el estímulo de progresar socialmente desde la habilidad deportiva y de ahí que se impusiera la necesidad del amateurismo en las competencias.

Tan obcecados fueron los dirigentes del COI que jamás tuvieron empacho en aunar esfuerzos con los países más alejados de sus inclinaciones políticas, los del área socialista (la ex-Alemania Oriental, por ejemplo), para alimentar la participación de atletas engordados en incubadoras, con los más tenebrosos métodos del dopaje embozado.

La utilización de recompensas monetarias para premiar los éxitos deportivos ha recibido, en el pasado, muchas críticas. "Las becas deportivas y las retribuciones adicionales en dinero

–escribe John D. Lawther en *Psicología del deporte*– han sido combatidas por los que piensan que una universidad sólo debe alentar actividades intelectuales. Las recompensas económicas cuentan también con la oposición de quienes poseen el concepto aristocrático de amateurismo heredado, en parte, de las clases altas de Inglaterra en las dos últimas centurias. La frase 'gallardo deportista para quien un dólar no sirve para otra cosa que para que lo gasten los comerciantes' ilustra el punto de vista al que hicimos mención. Esa idea proviene también, en gran parte, de las legendarias actitudes atribuidas a los griegos de Atenas según las cuales el pago rebajaba a la persona que lo recibía al nivel de esclavo y le quitaba su condición de ciudadano. Numerosos estudios realizados en las últimas décadas han revelado que los honores, el acceso a muchas posiciones codiciadas en las generosas recompensas materiales eran premios bastante frecuentes para los antiguos vencedores de las Olimpíadas..."

Se tenía como inconmensurable ofensa que los atletas *varsity* (los de primera categoría que representan a la Universidad) cayeran en la tentación de recibir dádivas en especie o en facilidades de estudio. Porque tal cosa equivalía a poner en un mismo plano las proyecciones futuras de los interesados. Se era universitario en la medida en que la intención era forjar, a través del estudio, un futuro profesional sólido y prestigioso. Los destellos de un prestigio espurio, a la luz de la práctica deportiva, no podían corresponderse con un futuro abogado o médico.

El tabú funcionando a pleno en el mundo del fútbol

El desborde de popularidad ponía a los directivos del fútbol ante la alternativa de ceder a los requerimientos de las incipientes figuras convocantes, o languidecer rápidamente, no sin dilapidar una enorme fuente de ingresos como organización de espectáculos.

Aparece entonces la figura de "amateurismo marrón", donde los jugadores obtenían beneficios de una manera encubierta. Antes de que el fútbol ganara un lugar preponderante en los Juegos Olímpicos de Amberes (1920) ya se conocían algunos casos flagrantes de profesionalismo en Europa. Quizá uno de los más notorios haya sido el de Renzo de Vecchi. En 1913 Geo Davidson (inglés), presidente del Genoa italiano, se enteró de que De Vecchi no estaba cómodo en el Milan y le ofreció un sueldo para pasar a su club. Davidson fue aún más lejos: obtuvo los servicios de Sardi y Santamaría, dos jugadores del club Andrea Doria, por quienes comprometió un pago privado de 1.500 liras.

Sardi fue a un banco de la Vía San Lorenzo, cerca de la catedral genovesa. El cajero, fanático del Andrea Doria, advirtió providencialmente la flagrante situación. Inventó una excusa para ganar tiempo y le pidió que regresara al día siguiente. Contrató a un fotógrafo y obtuvo la foto que registraba el momento del pago y la llevó a su club. Eso desató un verdadero escándalo.

Huizinga dice que hay tres características esenciales en el juego: libertad, aislamiento y reglamentación. No acepta como sinónimos juego y deporte pero dice que el primero es una parte muy valiosa del segundo.

Guido de Ruggiero define el trabajo como "un desarrollo de la actividad humana al servicio de una finalidad teórica o práctica. El fin propuesto es el que distingue el trabajo del juego, en el que se da un libre despliegue de actividad sin fin inmediato y aun sin seriedad e intensidad en el esfuerzo directo de la voluntad."

El mismo autor señala que "lo único degradante en la sociedad moderna es el ocio y el parasitismo." Dice también: "En ciertos límites, sin embargo, es exacto que no pocos peligros de mecanización y de embrutecimiento están ínsitos en algunas formas de trabajo industrial; pero también éstos tratan de ser obviados en lo posible mediante oportunas providencias, con la reducción de las horas de trabajo, con el mejoramiento del modo de vida, con la cultura y con las vacaciones, que mitigan el padecimiento de las fatigas más ingratas y reintegran a los obreros aquellos valores humanos que correrían el riesgo de quedar ahogados."

El deporte es el ocio de los nobles

En Inglaterra, en algunas épocas de la Edad Media, constituía un serio delito que una persona del pueblo se dedicara a la caza, puesto que ésta era un deporte muy popular entre los nobles. "Los torneos de caballeros –explica John Lawter– no eran para gente común. La esgrima, el tenis, el golf y el cricket fueron durante mucho tiempo deportes practicados sólo por la nobleza. Incluso el calcio, una especie de fútbol, estaba limitado en Italia, durante el siglo XIII, a los aristócratas." El mismo autor agrega que "la cantidad de ocio de que disponga el pueblo ha sido siempre el factor determinante de su grado de participación en el deporte."

Aún entre los griegos antiguos, sólo los ciudadanos de Grecia tenían derecho a participar en los Juegos Olímpicos. Sus organizadores imponían como condición para inscribirse la distinción de clase, la libertad y la sustracción a las tareas diarias. Por cada ciudadano de Atenas había casi 5 esclavos, siervos o extranjeros sometidos que se encargaban de hacer el trabajo. La proporción de Esparta trepaba a un ciudadano por cada veinte esclavos. Sólo los ciudadanos privilegiados estaban en condiciones de entrenarse con meses de anticipación mientras su manutención estaba a cargo de los huéspedes en el centro de entrenamiento.

Competir deriva del latín, *competere*, buscar conjuntamente. Pero la competencia era apreciada por los que tenían hambre de gloria. En el último siglo se torció el rumbo del deporte. Los más desposeídos entendieron que era un modo de ascender en la escala social. De ahí el prejuicio y el tabú de los que, antes que nadie, advirtieron el tenebroso peligro de verse invadidos por caras extrañas.

Desde el primer Clásico profesional hasta el advenimiento de la "Máquina"

El profesionalismo no llegó por decreto ni desde la cero horas de un cía previamente acordado. Existía en Inglaterra desde el siglo pasado y fue impuesto en el continente europeo progresivamente desde entonces.

En la Argentina se produjo una variación de renta solapada bajo el nombre generalizado de "amateurismo marrón". Viáticos especiales y premios exacerbados constituían una forma de retribución por la dedicación completa a la práctica deportiva.

Pero a los clubes les costaba mantener las apariencias. Se inflaban las facturas de gastos, incluidas por ejemplo las de aserrín que se utilizaba los días lluviosos para permitir el paso por las zonas más castigadas de los campos de juego.

Unas dieciocho clubes de la Asociación Amateur Argentina se apartaron de la misma y fundaron la Liga Argentina profesional. La anterior había sido formada en 1927, el año dela unificación. Se separaban las aguas dividiendo dos conceptos contradictorios: por un lado, los clubes que practicaban diversidad de deportes y consideraban al fútbol como uno más; por otro, los clubes que hacían del fútbol su definitiva razón de ser. aquéllos eran los tradicionales; éstos, los más populares.

A principios de 1931 los jugadores entendieron que a ellos les correspondía ser escuchados a la hora de tomar decisiones de contratación que los involucraran. Hubo una insólita demostración de fuerza por las calles céntricas que culminó con una entrevista concedida por el presidente de facto, José Félix Uriburu. Para este general el problema del fútbol merecía tratarse en una órbita municipal por lo que derivó su tratamiento al inte3ndente porteño Guerrico.

La Muinicipalidad gravó el fútbol con un impuesto que motivó fuertes polémicas sobre su forma de reglamentación. Algunos decían que debía ser abonado con una quita a las ganancias de los clubes. Pero otros suponían que debía sumarse al costo de las entradas. El público terminó pagando la diferencia.

Con el profesionalismo River tuvo la oportunidad de demostrar que era una de las instituciones más preparadas para afrontarlo, especialmente por su caudal de asociados. Compran por entonces a Peucelle en 10 mil pesos, cifra fabulosa en aquellos tiempos. Venían también del amateurismo Juan Carlos y Jorge Iribarren, Malazo y Belvidares.

Empiezan los clásicos profesionales

El primer Clásico profesional, jugado en la vieja cancha de boca y dirigido por el árbitro Scola, terminó en batalla campal. Se llevó a cabo el 20 de setiembre de 1931 y se recaudaron $22.663,50.

El clima de la cancha fue elevando la temperatura desde horas muy tempranas. A las 14:40 aparecieron los primeros equipos. Ya entonces los presagios no eran venturosos. "El match preliminar –dice La Argentina– dio una muestra del estado de ánimo que embargaba a los jugadores, las acciones bruscas y los desaciertos del juez, que tuvo una sospechosa actuación, contribuyó a aumentar la nerviosidad de los *players*."

Boca ganaba 1 a 0 en el partido de primera hora, con tribunas repletas, y convirtió el segundo gol en posición adelantada, según el cronista. "Cuando Ganduglia descontó para River, el zaguero boquense Strada, de pésima fama, lo agredió dándole un puñetazo en pleno rostro que desvaneció al forward." River retiró su equipo. Ése fue el aperitivo para el match de fondo.

Boca formó con: Fosatti, Bidoglio, Mutis; Moreyras, Spitale y Arico Suárez; Penella, Varallo, Vargas, Cherro y Albertino.

River, con: J. Iribarren, Belvidares, J.C.Iribarren; Malazo, Dañil,, Bonelli; Peucelle, Marassi, Castro, Lago y Camilo Méndez.

River ganaba 1 a 0 con gol de Peucelle y hubo un penal a favor de Boca. Varallo, el infallible, lo pateó pero atajó Iribarren. El rebote cayó a los pies del propio Varallo, quien remató, pero volvió a atajar el arquero de River. Y como la tercera es la vencida, Varallo finalmente convirtió.

El juez señaló el centro del campo pero los jugadores de River aducían *foul* al arquero por parte de Varallo. Se produjo un tumulto y el árbitro acusó a tres jugadores de River de haberlo golpeado: Belvidares, Bonelli y Lago. Los expulsó a los tres. El capitán no aceptó la decisión y retiró el equipo.

El tumulto se contagió a los hinchas. Hubo serios incidentes en la calle.

La Liga Argentina de Fútbol resolvió el 8 de octubre dar los puntos del encuentro a Boca. Las estadísticas lo dan como empate pero en realidad debe adjudicarse a los xeneizes.

La policía arrasó las calles con gases lacrimógenos y carga de caballería. La trifulca no podía adjudicarse al nuevo régimen rentado pero era un bautismo sintomático: aún hay la violencia se encuentra parapetada en los estadios y sus alrededores, siempre al acecho, siempre al servicio de todo tipo de intereses.

En el primer campeonato profesional, River quedó tercero detrás de Boca (campeón) y dos segundos, San Lorenzo y Estudiantes de La Plata.

Bernabé Ferreira

Le decían "la fiera", "el Mortero de Rufino" y "Balazo". Se caracterizaba por su tremenda potencia en el remate. Gran parte de sus goles fueron conquistados desde treinta metros.

Debutó en Tigre y convirtió cuatro goles. Su equipo perdía 2 a 0 y dio vuelta el partido frente a San Lorenzo con tres goles de tiro libre.

Vélez lo contrató y lo utilizó para una gira latinoamericana. En 1932 River logró su transferencia pagando 45 mil pesos. Cobraba 300 pesos mensuales y pago extra cuando competían contra Boca.

Convirtió a lo largo de su exitosa carrera 201 goles y fue goleador en varias temporadas.

En 1932 debutó en los clásicos en la cancha de Palermo. El diario *Crítica* había ofrecido una medalla al arquero que permaneciera invicto ante la "Fiera". Yustrich perdió la medalla cuando, faltando quince minutos. Bernabé lo venció con un tiro suave, por arriba.

Hasta 1980 no había habido otro jugador que gravitara como él en las recaudaciones.

Mario Fortunato, entrenador de Boca, sugería: "No le den el costado, márquenlo de frente" El uruguayo Pedro Lago comentaba: "¿Me preguntan por qué no entro al área? ¿Para qué? Yo le cruzo la pelota a Bernabé y de tres pelotas, él clava dos".

Cuando se retiró volvió a Rufino pero regresó a Buenos Aires y trabajó como empleado en el Monumental desde 1943.

En 1932 los millonarios salen campeones con Bernabé y la participación de varios jugadores adquiridos por importantes montos. Aquel domingo 30 de noviembre jugaron River e Independiente en la cancha de San Lorenzo. Fue el primer título profesional para los riverplatenses. Hubo incidentes antes del comienzo del partido.

En la segunda rueda del campeonato Competencia de 1932 se jugó un clásico en Alvear y Tagle. El primer tiempo terminó 1 a 1. el gol de Boca lo había convertido el paraguayo Benítez Cáceres. Faltando poco para el final del partido, el propio paraguayo apunta desde lejos y bate a Sirni. "En la cara alegre y cobriza de Cáceres –memora Enrique Panaro–, brillaban sus ojos oscuros y con ellos iluminaba toda la Boca. Con ese gol logró el triunfo frente a River y algo más, que no muchos consiguen: entrar para siempre en la entraña del jugador número doce."

En 1933 Boca y San Lorenzo mandaron. River no les pudo seguir el tren.

Llegó la fecha de un nuevo Clásico en la Boca. Concurrió tanta gente que quedó gran cantidad de público fuera del estadio. Se dejaron de vender entradas mucho tiempo antes del inicio del partido. Según el diario La Argentina hubo 50 mil personas en Brandsen y Del Crucero.

Hubo incidentes. En el pr3eliminar jugado por las cuartas divisiones se produjeron tumultos al final del partido. La policía, ayudada por algunos soldados, logró apaciguar los ánimos. Boca necesitaba un punto para salir campeón. Pero ganó River 3 a 1.

El año 1934 es el que Boca recuerda con mayor gratitud: ganó en las tres ruedas. Sumó siete goles y River, sólo uno (de Bernabé).

Hasta 1936 el Clásico tuvo un notorio predominio boquense. Ese año River ganó por primera vez en cancha de Boca.

El campeonato del '36 se jugó desdoblado en dos ruedas: la Copa de Honor y el campeonato Competencia. La primera fue ganada por San Lorenzo; la segunda, por River.

El barrio de la Boca recibió a River como a sus hijos pródigos. El 20 de diciembre se jugó la final enla cancha de Independiente.

En 1937 River nuevamente se florea como campeón. Lo dirige el húngaro Emérico Hirsch, un europeo muy controvertido que, a la distancia, aún no logra obtener consenso en cuanto a la verdadera influencia que ejerció sobre la evolución del fútbol argentino.

En 1938 un nuevo escenario enmarcó el Clásico: el Monumental. Se jugó un 4 de setiembre y fue un empate 2 a 2. el segundo encuentro fue en San Lorenzo y en horas de la mañana, en razón de que Boca estaba en plena construcción de su Bombonera. Una huelga de jugadores motivó la presentación de equipos de tercera división y de la reserva.

Capítulo 7
De los anfiteatros romanos a las canchas

Consolidada la prerrogativa de una jornada laboral reducida, el fútbol adquiere una relevancia cada vez mayor en el desarrollo de la vida cotidiana. Los diarios le dedican más espacio en sus páginas dedicadas al deporte y dejan de considerarlo un mero apéndice de la información hípica.

Del mismo modo, se empieza a pensar en los escenarios que se requieren para albergar a las multitudes ansiosas de expresar sus preferencias por cada equipo.

Los grandes estadios de fútbol nacen en la década del ´20 en Europa y en los años ´30 en América Latina.

Pero la humanidad ya ha conocido en la antigüedad impulsos similares que llevaron a algunos gobernantes a elevar majestuosos estadios. "Se demarca material o idealmente un espacio cerrado –dice Huizinga–, separado del ambiente cotidiano. En ese espacio se desarrolla el juego y en él valen las reglas (...) La pista, el campo de tenis, el lugar marcado en el pavimento para el juego infantil del cielo y el infierno, y el tablero de ajedrez, no se diferencian, formalmente, del templo ni del círculo máximo."

Entre las estribaciones casi paralelas del Aventino y del Palatino se extendía el Circo Máximo, un valle de 650 metros. Figuraba entre las obras más fastuosas de Roma. Era el escenario de los espectáculos de masas más importantes de la antigüedad. Los caballos y los corredores estaban encuadrados en facciones. Se dedicaban a guiar los carros algunos esclavos o libertos que aspiraban a superarse socialmente. Había cuatro facciones, distinguidas con los colores blanco, rojo, verde y azul. "No cabe duda –escribe Ludwig Friedlander– de que los emperadores veían con buenos ojos estas banderías; podemos estar seguros de que los mejores hombres del estado estimulaban con todas sus fuerzas este encauzamiento de las pasiones de la multitud en una dirección en que podían manifestarse, al parecer, sin el menor quebranto para los intereses del trono."

El interés por los espectáculos circenses no decaía como consecuencia de ningún acontecimiento. Tampoco era una cuestión de nombres o dinastías. "Lo mismo daba que dominase el mundo Nerón o Marco Aurelio, que el imperio viviese en paz o sacudido por la insurrección o la guerra civil, que los bárbaros amenazasen las fronteras o fuesen rechazados por los ejércitos romanos; lo que en Roma interesaba a todo el mundo, altos y bajos, libres y esclavos, hombres y mujeres, lo que agitaba las esperanzas y los temores, era el saber si ganarían los verdes o los azules."

San Jerónimo dice expresamente que los conductores de carros solían comprar los aplausos del público. "Los jóvenes no tenían –agrega Friedlander–, en su casa y en las aulas, otro tema de conversación que las carreras y los juegos de circo, y hasta los mismos profesores se creían obligados a tomar parte en estas conversaciones, para no ser menos que sus alumnos. Las discusiones en torno a los azules y los verdes encontraba también ambiente en los círculos de las gentes cultas, entre otras razones, porque no eran temas políticamente capciosos".

A los caballos les colgaban campanillas para protegerlos contra el embrujamiento. Galeno dice que "los fanáticos partidarios de los azules o los verdes llegaban hasta a oler el estiércol de los caballos de carreras para convencerse de la bondad de la alfalfa."

El afán de halagar a la plebe para conseguir sus favores y los manejos demagógicos impulsaron a los promotores de fiestas, en los últimos tiempos de la República, a realizar esfuerzos cada vez mayores. Tácito menciona por primera vez el famoso saludo de un gladiador: "Ave, imperatur, los que van a morir, te saludan."

El público también podía impacientarse: "Mátenlo, ¿qué esperan?". Lo mismo se grita ahora, pero en sentido lato.

"En sus manifestaciones de placer o de dolor –dice Vicente Verdú– el pañuelo es, en fútbol, letal o lactal. Establece las distancias por exceso hacia la lejanía infinita de la muerte o hacia la vecindad infinita del nacimiento. No llega sólo como un indicio, sino como un don impulsado por la consumación plena."

Aunque también en el anfiteatro existían bandos entre los espectadores, éstos no llegaron a adquirir jamás, ni de lejos, la importancia que tenían las facciones del circo, en parte porque la pasión por las carreras absorbía todo el interés del público.

Existía cierta rivalidad entre los "grandes escudistas" (partidarios de los murmilones y los samnios) y los "pequeños escudistas" (partidarios de los tracios).

Que trabajen los esclavos

El ocio era una cuestión de estado y formaba parte de las principales preocupaciones políticas del último siglo de la República.

En efecto, en las sociedades antiguas, el trabajo, y sobre todo el trabajo manual, es despreciado por los hombres libres. El aflujo de esclavos, proveniente del botín de las guerras en Grecia y en Oriente, aparta a los hombres libres de actividades que se reservan cada vez más al personal servil en las empresas comerciales, artesanales o familiares. El abandono de la economía rural tradicional de Italia es producto de las victorias romanas que desembocaron en la construcción de su Imperio. Las Guerras Púnicas y después las expediciones a Grecia y al

Oriente, enriquecen al ejército y al Estado, gracias a la constitución de Provincias alrededor de la cuenca mediterránea. Los pequeños propietarios, que para combatir en las legiones romanas han abandonado meses y años sus dominios, a su regreso no pueden componer sus cultivos.

Los veteranos se ven obligados a vender sus dominios a grandes propietarios y a mudarse a Roma para engrosar las filas de la plebe urbana. Esa nueva clase social estaba conformada por hombres libres que fueron apartados paulatinamente de las profesiones artesanales. Sólo el 7% de los joyeros lo es; el resto eran esclavos o libertos. "Eran hombres libres –escribe Catherine Salles– pero no podían subsistir sino con la asistencia financiera de los ricos. Los marginados se hacen numerosos, en una ciudad donde la alimentación siempre ha sido un problema crucial. Cuando César realiza un censo para ver dónde van los beneficios encuentra que, sobre los 320.000 plebeyos que reciben cereal del Estado a título gratuito, se rastrea a 150.000 que no tienen ningún derecho a las libertades públicas."

El Coliseo tenía 48 metros de alto y una capacidad para cincuenta mil espectadores.

La fila más cercana a la arena se reservaba a los senadores, miembros de los colegios sacerdotales y vírgenes vestales. En el centro, el Emperador, con los individuos de la casa imperial y de su séquito. En las gradas más altas de todas aglomerábase la multitud de los que, por su baja condición social y por sus ropas sucias y andrajosas, no eran considerados dignos de estar en las filas bajas. Había obligación de organizar juegos en honor de las tres deidades capitolinas.

Panem et circenses

Se construyeron grandes almacenes en los muelles, los *horrea*, y allí se arrastra a toda la población de miserables, marineros, cargadores, que formarán las tropas de choque usadas por los agitadores políticos.

El perímetro de la ciudad, que era de 9 kilómetros bajo la República, pasa a 19 kilómetros bajo Vespasiano, y a 22 en el momento de la construcción del muro de Aureliano.

Después de una hambruna, el año 6 a.C. Augusto manda purgar la ciudad de los gladiadores, de una parte de los esclavos y de todos los extranjeros, salvo los médicos y profesores. Desde comienzos del Imperio, los príncipes son responsables de la alimentación de gran parte de la población romana, los beneficiarios de las distribuciones gratuitas de trigo. Son 200.00 personas las que esperan este maná imperial, la llamada plebe triguera.

Roma es en su totalidad la que se vuelve lugar de paseos, de citas, de tráficos, para esta multitud ociosa, aburrida y en busca de espectáculos, llena de estafadores a la caza de víctimas, parásitos tras una cena o un patrón acogedor y generoso. Pero no es el único lugar del imperio que ofrece espectáculos brutales en sitios habilitados para tal fin. "Se da un espectáculo de gladiadores en honor a Pompeyo –cuenta C.Salles–. Buena parte del anfiteatro está ocupada por espectadores provenientes de ciudades vecinas y, entre ellos, los habitantes de Nuceria, que suelen estar en desacuerdo con sus vecinos de Pompeya. Al principio estallan algunas riñas sobre las graderías, entre ciudadanos de ambas localidades; se cambian insultos, que suben de tono; vuelan las piedras, y pronto se llega a las armas. El incidente se transforma en matanza: heridos, mutilados, muertos. Por una vez son los espectadores los que realizan los combates, y no los gladiadores. La consecuencia es que el senado romano prohíbe las exhibiciones de gladiadores en Pompeya por un período de diez años."

Las sospechas caen sobre los llamados colegios ilegales, algo así como las actuales barras bravas. "En efecto, cómo explicarse que muchos espectadores hayan ido armados a esos juegos, de no haber premeditación. En la época imperial los miembros de los colegios (guardias civiles) ya no intervienen en cuestiones políticas, sino que apoyan, a menudo del modo más brutal, las rivalidades entre ciudades."

La pasión que anima a los partidarios de los verdes o los azules hace que el entusiasmo termine con frecuencia en un motín.

El Coliseo Flavio fue mandado construir por Vespasiano, entre los montes Celio y Esquilino.

Los anfiteatros fueron creación romana, para espectáculos de grandiosa magnificencia pero de crueldad inaudita. Se construyeron en gran número, sobre todo en la Galia, España e Italia y, algunos pocos, en Africa y Asia. Hay ruinas en Pola, Verona, Capua, Puzol, Pompeya, Siracusa, Arlés y Nimes, entre otros, lo que evidencia una sistemática construcción a lo largo del Imperio.

El más espectacular de todos ellos, el Coliseo Flavio, fue abandonado después de la caída de la ciudad. El espectáculo masivo dejó de plantearse como necesidad en la Edad Media y el Renacimiento. Era tal la indiferencia en el Cinquecento que el anfiteatro sólo fue tenido en cuenta como cantera para la construcción de nuevos edificios. Su deterioro, que algunos suponen producto de una devastación telúrica, tuvo otro epicentro que pasa por la desaparición del ocio de multitudes.

Los estadios sirvieron de fortalezas. Pablo II utilizó sus sillares de mármol travertino para construir el palacio de San Marcos (de Venecia) y hay piedras de sus entrañas en el Palacio Farnesio. Desde la caída de Roma hasta la definitiva invención del fútbol por parte de los ingleses, a fines del siglo XIX, nadie consideró necesario venerar esas moles como testigos mudos de espectáculos de masas. Desde aquellas jornadas, de cuadrigas y gladiadores hasta el ferrocarril y la jornada laboral reducida, las masas habían desaparecido de la Historia.

Lo sagrado y lo profano

El arquitecto Mario Sabugo realiza una clasificación de los componentes de un estadio y reconoce tres estructuras de contenido deliberadamente religioso: Un espacio completamente sagrado (vestuarios, túnel, campo de juego, borde y límite interno); un espacio relativamente sagrado (tribunas, recinto, límite interno); y por fin, un espacio profano (periferia y exterior propiamente dicho).

Para Sabugo los vestuarios son "la sacristía de los templos" y el túnel, por el hecho de aparecer los jugadores "desde abajo a la vista del público, queda por ello intuitivamente relacionado más con lo infernal que con lo divino (alto). Es el lugar donde se cumplen los ritos complementarios: entrar con una u otra pierna; salir primero o último en la fila; esperar que salga el equipo local para ahogar los insultos en el aplauso a los favoritos."

En el Centenario el locatario sale por el túnel del centro de la tribuna América, lo mismo que los árbitros (lo cual podría dar cierta idea de connivencia entre la autoridad y los dueños de casa). El visitante sale por el túnel cercano a la Colombes.

El borde –que Sabugo describe dentro del espacio sagrado– es ancho en el Centenario. "Los jugadores consideran que un borde amplio produce una cancha *fría* y uno reducido, una cancha *caliente*, muy impresionante para el visitante."

La tribuna "es el espacio destinado a ubicación (y movimiento) de los laicos, con el fin de presenciar el rito principal del juego y de cumplir sus propios ritos. Como elemento principal de la cancha, desde el punto de vista constructivo y volumétrico; como estructura y como envolvente. Si bien su nombre proviene del concepto latino de "tribu", se las encuentra mucho antes en teatros griegos y templos egipcios."

El Monumental de Núñez, sobre terrenos ganados al río

Una especie de karma ha envuelto a los clásico equipos con respecto al Río de la <plata y a la histórica fecha del Cabildo Abierto de la Revolución de Mayo. Los fundadores de River lo establecieron en la primera acta: "Pongamos nuestra fe, todo nuestro ideal en la grandeza del Club que ve la luz en el mismo decía que ha nacido una nueva y gloriosa Nación". River construyó su estadio sobre terrenos ganados al río y lo inauguró un 25 de Mayo (el de 1938); Boca, en la voz de su atrabiliario presidente Armando, prometió su estadio en otra avanzada artificial sob re el espejo de agua, para inaugurarlo el 25 de Mayo de 1975. La emblemática fecha, que recuerda el acta fundacional de las bases de la nacionalidad argentina, está atada a diversos proyectos vinculados con los escenarios deportivos de ambos equipos. El propósito de los millonarios, como puede verse, se materializó en el barrio de Núñez; el del directivo boquense, como es bien sabido, jamás llegó a construirse. Es bueno rescatar la idea de que Boca y River disputaron sendos encuentros con el río marrón. Ahí la ventaja la lleva River pero los xeneizes tienen la excusa de haber jugado con un delantero inoperante y parlanchín.

El Monumental de Núñez se levanta sobre una zona ganada a la costa cenagosa del Río de la Plata. Claro está que no fueron los dirigentes millonarios qienes realizaron la gigantesca tarea de rellenar los bañaos sino un escocés de nombre Daniel White quien, a mediados del siglo XIX había adquirido una estancia de 47 cuadras por esa zona. En esa superficie construyó un hipódromo, que se llamó "de Saavedra", o "de White".

Ya existía desde 1857 en el barrio de Belgrano el Circo de las Carreras, en el perímetro comprendido por las calles Crámer, La Pampa, Melián y Mendoza (hoy, Belgrano R).

El Hipódromo de White ocupaba una extensión de 16 cuadras. Disponía de tribuna para público y un pizarrón para anotar las apuestas. En 1866 una tormenta de Santa Rosa arrasó con la construcción y sus directivos buscaron otro lugar para un nuevo asentamiento. Encontraron un predio de 67 hectáreas, dentro de los límites del Cuartel Tercero del Partido de Belgrano, en Alvear y Los Ombúes o, como diríamos ahora, en Libertador y Olleros. Se llamó Hipódromo Argentino (Palermo) y fue inaugurado en 1876.

El terreno del Hipódromo de White pasó por diversas manos hasta que la Municipalidad de la Ciudad de Buenos Aires promovió un juicio contra la sociedad que lo regenteaba.

Tenía dos rectas que corrían paralelas a la avenida Lidoro Quinteros. La calle Victorino de la Plaza, curiosa arteria en forma de U que parece recibir con sus brazos abiertos hacia el norte, al estadio Monumental, en el ángulo que forman Monroe y Avenida del Libertador, no hace más que respetar el trazado de la curva de la vieja pista. Es más: la tribuna del Monumental que da al Río de la Plata coincide casi exactamente con la curva opuesta del hipódromo.

Más al norte de Alvear y Tagle

En 1925 se tenía conocimiento de que River Plate no podría prolongar por mucho tiempo la ubicación del estadio en la avenida Alvear y Tagle. El presidente Zolezzi decide que se estudie una nueva ubicación que podía ser en terrenos ganados al Balneario Municipal, detrás de los depósitos de Obras Sanitarias, que limitaban al norte con la Dirección de Navegación y Puertos del Ministerio de Obras Públicas, 300 metros al sur del espigón.

En 1926 un decreto del gobierno nacional, firmado por Marcelo T. De Alvear y Víctor M. Molina, cedió a título gratuito una superficie de 30 mil metros cuadrados.

El 13 de julio de 1934 River adquirió los terrenos donde iba a construir su cancha definitiva.

Era presidente Antonio Liberti y la asamblea aprobó la compra por aclamación.

River pagó 11 pesos el metro cuadrado y se apropió de una superficie de 51.763 metros cuadrados. Una parte de la suma total fue donada por la Municipalidad.

En 1936 comenzó la construcción del coloso de cemento en una emotiva ceremonia donde se colocó la piedra fundamental. Habló Liberti y después el vicario general de la Armada, monseñor Dionisio R. Napal, quien bendijo las instalaciones. Luego hizo uso de la palabra el Ministro del Interior, Leopoldo Melo. La fecha del evento, pos si quedan dudas, fue un 25 de Mayo (el de 1935).

La gran maqueta de una caja de bombones

El apelativo "la Bombonera" es, aparentemente, una idea de Fioravanti o de su colega Hugo Marini. También se le atribuye la invención a un tal Nicolás Berardo. Se supone que existían unas cajas de bombones que por esos años entregaban las panaderías cuyo aspecto era similar a esa herradura cerrada por una empalizada recta, la tribuna de los palcos.

El apodo sustituyó para siempre eal nombre oficial, Estadio Camilo Cichero, que honra a un ex presidente boquense de memorable actuación. Infortunadamente dicho apellido de origen italiano se pronuncia "chiquero", lo que podría explicar –pero de ninguna manera justificar– el mote de "bosteros" para los xeneizes.

La piedra fundamental se colocó el 15 de febrero de 1938. en una ceremonia de pompa y circunstancias Eduardo Sánchez Terrero, a la sazón presidente de Boca, anunció la próxima construcción de un gran estadio. Lo acompañaba otro presidente, el de la Nación: el general Agustín P.Justo, notorio partidario xeneize. Era, además, suegro de Sánchez Terrero.

En 1940 las bandas de los regimientos de Granaderos y Patricios dieron marco musical, desde el centro de la nueva obra, al izamiento del pabellón patrio en la torre de los homenajes. Después, Boca recibía en partido amistoso a >Nacional de Montevideo. ¿La fecha? Un 25 de Mayo.

En 1949 el estadio recibió ampliaciones en su estructura y en 1953 se colocaron las torres de iluminación.

El ex intendente Grosso transfirió a Boca en 1992 los terrenos de la zona de la Casa Amarilla. Pero no fue un 25 de Mayo. ¿Será que, entre sus gestiones, no había muchos patriotas?

Capítulo 8
Tango, Perón y goles

La década del '40 fue la era del tango. Había muerto Gardel pero la música de Buenos Aires se multiplicaba en la hegemonía de sus grandes orquestas típicas. La voz individual, de extraordinaria expresividad, se había inmolado en Medellín. Prevalecerían en addelante los conjuntos en detrimento de la relevancia de los cantantes, limitados a ser un instrumento más que se lucía en los estribillos.

Ese espíritu se viviría también en el ambiente futbolístico. El conjunto estaría por encima delas individualidades: "la máquina" de River (aunque generalmente se la recuerde por la formación de su excelente línea delantera) era un conjunto equilibrado y afiatado que también disponía de virtuosos solistas.

El fútbol había recorrido sus primeros años de profesionalismo casi coincidentes con la experiencia militar de Uriburu. La década del '40 es la de la glorificación de dos filigranas: el fútbol y el tango. Como trasfondo, el militarismo se arrogaría el derecho de formular interpretaciones y dictar normas éticas y morales. Uno de los ejemplos más demoledores dela mentalidad purista que entonces imperaba lo constituye la prohibición de ciertos términos relacionados con el lunfardo. Es sencillamente hilarante escuchar a Alberto Castillo (muy a su pesar) cantando una "traducción" del lunfardo al castellano que alguien infringió a "Muñeca Brava", pieza mayor de Enrique Cadícamo. Donde el bardo imponía la frase *"Ché,*

Madame, que parlás en francés/y tirás ventolín a dos manos", Castillo expresaba "*Ché, señora, que hablás en francés/y tirás el dinero a dos manos"*. En la disparidad delas frases está la esencia de la época.

El fútbol, mientras tanto, daba algunos ejemplos de prístina calidad que llevaron a pensar con bastante engreimiento en un título de campeón moral para la Argentina, sin competir con nadie del exterior desde la recordada gira de Boca por Europa.

Irrumpió el peronismo en 1945 y con él una nueva valorización del deporte. Las grandes figuras del fútbol, del básquet, del ciclismo y del automovilismo (sin olvidar el boxeo y el atletismo) fueron actores de privilegio en una época en la que –por razones nobles o espurias según la ideología desde donde se lo analice–, el gobierno alentaba la competencia en todos los niveles y hacía de la organización deportiva una cuestión de Estado.

River desarrolla su "máquina"

Obligado por las circunstancias, River Plate buscaba valores en su propia cantera para conformar un equipo competitivo. Había realizado el gran esfuerzo de construir su estadio Monumental y las arcas no estaban para intentar captar *cracks* fuera de casa. Llegaba a su fin una época de realizaciones que tuvo en su línea de ataque a Peucelle y Bernabé Ferreira, dos figuras excluyentes que gastaban sus penúltimas corridas.

En 1939, cuando estaban separados por tres puntos, el líder Independiente llegó al Monumental para disputar un partido que definía el campeonato. Los rojos pusieron toda la calidad que se les reconocía y ganaron como visitantes 3 a 2. lo que más disgustó a los directivos fue la indisciplina puesta de manifiesto por una de sus figuras más representativas: José Manuel Moreno. La comisión decidió suspender al Charro, lo que desató una protesta del plantel en solidaridad con el compañero. Pedernera comandó la decisión de no presentarse ante Atlanta. Las nueve fechas restantes fueron jugadas por un equipo constituido básicamente por la cuarta división especial que mantuvo la consigna de defender, cuando menos, un honroso segundo puesto. "Los guerrilleros" (así llamaban a los muchachos de la cuarta especial) tenían en sus filas a un joven *insider* que adquiriría protagonismo en "La máquina": Ángel Labruna.

En 1941 ya había constituido su defensa con el uruguayo Barrios en el arco, Vaghi, Cadilla, Yácono, Rodolfi y Ramos. La delantera de ese equipo sufrió una progresiva metamorfosis. Peucelle cedió su andarivel derecho a Muñoz, casi desde el comienzo de la segunda rueda; el rosarino D'Alessandro, que había cosechado 15 goles, dejó su lugar al ubicuo Pedernera.

En la primavera de 1941 (21 de setiembre) debuta íntegramente la famosa delantera: Muñoz, Moreno, Pedernera, Labruna y Deambrosi. Que era ya la delantera de la Máquina, aunque la memoria popular la haya inmortalizado con Loustau en la punta izquierda.

La hegemonía de River

River obtuvo el campeonato de 1941 con una clara luz de ventaja sobre San Lorenzo, clasificado en segundo lugar. Boca navegó en la mediocridad de "cuarto cómodo" y sufrió una de las más categóricas goleadas ante su clásico rival, 5 a 1, con goles de casi toda la línea delantera: Labruna, Pedernera, Moreno y Deambrosi, con doblete. El atómico Boyé hizo el gol del honor para los xeneizes.

Ese año, 1941 es también el de la denuncia de sobornos a jugadores y de algunos proverbiales incidentes con la participación de directivos de clubes. El ofuscado presidente de Huracán, coronel Tomás A. Ducó, reflejó su descontento con el árbitro José Bartolomé Mascías propinándole un golpe de puño. De golpes, o de intentonas, sabía mucho este uniformado. Era el mismo militar que comandó una asonada en Lomas de Zamora en 1944, reprimida por otro coronel, entonces en ejercicio dela vicepresidencia: Juan Domingo Perón.

En 1942 River salió campeón con seis puntos de ventaja sobre su recurrente escolta, San Lorenzo. Fue el equipo de mayor regularidad y solidez en sus filas. Boca se colocó quinto, con una performance decepcionante para su parcialidad. En los enfrentamientos clásicos los millonarios propinaron una goleada como locales: 4 a 0.

Faltaban tres fechas del campeonato del '42. a River sólo le bastaba un empate en la Bombonera frente a su rival de siempre para coronarse campeón anticipado. Pero Boca madrugó en el primer tiempo, que terminó 2 a 0 a favor de los locales, anotados por su goleador Ganduglia. Si bien Pedernera había descontado, poniendo de manifiesto el acierto en ubicarlo como centrodelantero (una corazonada del técnico riverplatense Renato Cesarini), Yácono dejó a River con diez hombres al ser lastimado con un bulonazo. Una gran jugada de Labruna propició el remate de Loustau que el arquero Estrada no contuvo. El oportuno Pedernera logró el empate y el derecho a una vuelta olímpica de River en las barbas de su viejo adversario, en las entrañas de su viejo barrio.

Boca, con más corazón que calidad, le ganó a River los campeonatos del '43 y del '44.

Pero en River se había ido la columna vertebral: José Manuel Moreno y Bruno Rodolfi, el *centrehalf*.

Severino Varela, la boina fantasma

Nacido el 14 de septiembre de 1913, Severino Varela se destacaba por su dinamismo y hábil gambeta. Su incorporación fue decisiva para Boca en 1943 (año en que fue transferido) y en 1944 cuando obtuvo el campeonato.

Por poco se frustra su pase a Boca. El club le exigía un partido de prueba y Varela se negó rotundamente aduciendo que los títulos de los que venía precedido eran aval suficiente. Había salido cuatro veces campeón con Penarlo. Aconsejado por un escribano finalmente accedió. Iba a firmar por un año; lo hizo por tres.

En 1945 viajaba semanalmente a Montevideo para trabajar en la empresa estatal de energía. No quería perder una fuente de ingreso que le brindaba más seguridad de cara al futuro que los rimbombantes éxitos deportivos.

En 1954 le hicieron un homenaje en Buenos Aires. "La boina fantasma" le pusieron los periodistas, por un gol a River en 1943 con el que sorprendió a toda la defensa entrando a cabecear en palomita.

En Boca jugaba con boina blanca; en Penarlo es ya mítica su boina negra. Debajo de la boina cuidaba una peinada canora y gardeliana.

La huelga de 1948

A fines de 1944 quedó constituido Futbolistas Argentinos Agremiados (FAA, un ente cuyo propósito era defender los intereses de todos los jugadores profesionales. Desde un principio fueron ríspidas las relaciones con los dirigentes del fútbol, desacostumbrados a tratar corporativamente los asuntos que, entendían hasta ese momento, eran privativos de cada jugador. Las estrellas querían dejar de ser títeres de los dirigentes y administrar en parte sus propios destinos.

Fueron precursores de FAA: Danza (Ferro), Pedernera (ya en Huracán), Basso y Crespi (San Lorenzo), Soler (Excursionistas), Bello (Independiente), Soriano, Gutiérrez y Pizzutti ((Banfield).

Los puntos salientes del convenio que defendían los jugadores establecían lo siguiente: es profesional el jugador que cjumple 21 años, también puede serlo con diez partidos jugados en reserva o cinco en primera; la preferencia del club se disponía para un lapso de tres años; cada club podía contratar hasta veintidós profesionales; se establecía un régimen de sueldos librado al arreglo con cada club.

Los problemas hacen eclosión entre jugadores y la Asociación de Fútbol Argentino (AFA) desde le domingo 31 de octubre de 1948. el 7 de noviembre no hubo fútbol.

En esos días se decidió excluir a Pipo Rossi del primer equipo de River por deficientes actuaciones y actitudes antideportivas. El hecho se sumó de alguna manera al estado de ánimo general. El 9 de noviembre los jugadores declararon la huelga. Las cinco últimas fechas se jugaron con amateurs.

El 8 de diciembre se disputó el clásico de las inferiores que más públ;ico convocara. Terminó 1 a 1. salió campeón Independiente.

Por River el único jugador profesional que no acató la huelga fue Ramos.

Boyé dijo con desazón: "Por la huelga tuvimos que emigrar. Defendimos a los que ganaban poco yu nos tuvimos que ir los que ganábamos bien." El 8 de mayo de 1948 Boyé tiró dos veces un penal y las dos veces pegó en el palo. Boca podía haber empatado con Chacarita y terminó goleado. Andaría navegando por su mente esa ausencia de solidaridad.

En 1949 seguía el conflicto. Al poco tiempo empezó el éxodo de jugadores. Se jugaron tres partidos de desempate por el segundo puesto. Ganó boca el primero, los rojos el segundo y empataron el tercero. Por mejor goal-average se consagró Boca.

José "Perico" Marante se retiró en 1950. había jugado 15 años en la primera de Boca.

El descenso como hipótesis de trabajo para Boca

Boca Juniors vivirá por primera vez en el profesionalismo las desventuras del descenso. Y en el campeonato de 1949 pelea hasta la última fecha su derecho a mantener la división de privilegio.

Había finalizado tres temporadas consecutivas como vicecampeón y los dirigentes se apresataron a modificar la plantilla. Adolecia de una gran falta de goles y todo dependía de lo que pudiera hacer "el atómico" Boyé. No cuajaron Geronis y Ricagni como se esperaba y se mantuvo a Jaime Sarlanga a pesar de que daba ventajas físicamente.

Se había ido de la defensa "el pibe de oro" Lazzatti.

Pero los clubes oferentes tasaban muy alto a los delanteros. En 1948 el club trajo al brasileño Amalfi Yesso, el insider Negri y el peruano Gómez Sánchez.

River ganó en la Bombonera por 2 a 1 en la primera rueda. Fue al promediar la segunda cuando se produjo la huelga y, como ya se dijo, los equipos debieron jugar con amateurs.

En 1949 los dirigentes trataron de enmendar las fallas de contratación del año anterior.

Boca empieza el campeonato con tres derrotas consecutivas (Independiente, Tigre y San Lorenzo). Empata contra Ferro y cae frente a Platense, quedando en la última posición. En la sexta fecha le gana a Central y luego pierde ante Estudiantes. Le gana a Atlanta y empata con Banfield. Vuelve a empatar, esta vez ante Huracán. Pero Racing vence 6 a 2. Vélez también. La siguiente derrota es ante River; 1 a 0. otra derrota ante Newells. Gana ante Chacarita y es vencido por Lanús, después de ir ganando 3 a 0 en el primer tiempo.

En la segunda rueda llega el match contra Independiente. Boca ganaba en Avellaneda por 1 a 0. A los 13 minutos del segundo tiempo, en confusa jugada, los rojos empatan el partido. El defensor boquense Francisco Petroncino le reclamó al árbitro Nai Foino un presunto foul al arquero Claudio Vacca. El árbitro frenó al back con un fuerte golpe que lo desvaneció. La gresca se armó dentro y fuera de la cancha. Hubo gases lacrimógenos y uso de armas reglamentarias. Como saldo quedaron tres heridos de bala y muchos contusos. El 14 de septiembre siguió el partido, con dos bajas: el defensor de Boca, que no fue árbitro fue descalificado y suspendido y se nombró para el tiempo complementario a un árbitro inglés, Gregory. Con goles de Ferraro y Campana, Boca se impuso 3 a 2.

Después de alternar más fracasos que alegrías, el equipo ganó dos partidos seguidos: a Vélez y luego a River. Son esos partidos los que demuestran que el Clásico es diferente.

Un equipo sin moral, en la pendiente, perdió ante Newells. También fue derrotado por Gimnasia y Chacarita.

En la última fecha recibió a Lanús con un punto más que los xeneizes, pero comprometido ocon la cola de la tabla de posiciones. Gran tensión se vivió durante la semana. Se supo en ese lapso que los jugadores de Boca renunciarían al premio que pudiera corresponderles por ganarle al equipo granate el último partido del campeonato.

Diego Lucero escribió en Clarín: "Toda la Boca estaba allí corporizada en banderas y clamores, para formar barrera en la defensa; para darle pujanzas al ataque. Toda la Boca genovesa y criolla, la del mar y la de tierra; la que se inunda y la del nivel alto; la que se desunió siguiendo a candidatos ambiciosos y se unió en la hora trágica del pie y en la cáscara de banana. Toda la Boca estaba allí, en cuerpo y alma. Los fierros del viejo puente formaban parapeto taponando la valla; los cuadros de Quinquela hacían trinchera junto a las redondas bandejas de la pizza. Los bigotes de Tuñín entretejidos en una fina mall, también tapaban brechas, zurcidos a los velos de las viejas genovesas con el que van a misa a rogarle a la Madonna Nera. Y, para darle impulsos al ataque, se unieron todos los cadeneros de las chatas barraqueñas y todas las velas de los pailebotes; el vapor de las calderas y el zumbar de las turbinas. Clima de Guerra Santa, de jornadas de ésas en que hay que matar para sobrevivir, fue el que respiró Lanús en cuanto pisó el campito de la ribera. Porque el grito electrizante de la hinchada boquense les hizo entender de entrada a las visitas que allí uno iba a salir triunfador y otro, cadáver. "

Boca iba penúltimo en la tabla, entreverado en el lote de cuatro equipos comprometidos. Sin embargo lideraba en la otra tabla, la de las recaudaciones. Esa tarde había que ganar. Y ganó Boca 5 a 1, con mucha decisión.

Capítulo 9
La década del '50

En los primeros años de la década del '50 se produciría un fenómeno futbolístico ubicado por encima de la pasión del Clásico: los encuentros con Inglaterra a nivel de seleccionados.

Los ingleses habían desparramado el fútbol por todo el mundo. En los Juegos Olímpicos fueron campeones, con producciones sobresalientes. Sin embargo nunca se habían avenido a participar en esos torneos desde 1920. Basaban esa medida en la certidumbre de que su jerarquía profesional estaba por encima de las asociaciones de amateurs. Apenas se tenía registro de aquellas presencia fugaces y apabullantes del Nottingham Forest y del Southhampton en 1904, que golearon a discreción a cuanto equipo se les opuso de un lado y otro del Río de la Plata.

Sin embargo la actitud de los ingleses cambió radicalmente al promediar el siglo XX. Se dignaron participar por primera vez en un Mundial organizado por la FIFA (Brasil, 1950) y acordaron encuentros con los seleccionados rioplatenses (con Argentina en Buenos Aires y Londres y con Uruguay en Montevideo).

¿Qué fue lo que movió a los ingleses a esta inesperada apertura hacia Latinoamérica? ¿Por qué razón la Federación Inglesa cambió su implacable negativa de producir enfrentamientos futbolísticos con sus hijos más aventajados del Cono Sur?

Dice Osvaldo Bayer: "Los nuestros (en 1951) visitan Inglaterra. Wembley, el Vaticano del fútbol. Perdemos 2 a 1. nos hubieran podido hacer una docena. Pero allí estaba Miguel Angel Rugilo en la valla, el arquero de Vélez. Y se convierte en mito".

Bayer recoge una versión sobre declaraciones de Mario Boyé: "Había gran expectativa. El general Perón, que gobernaba en ese momento, se enteró de que los ingleses tenían invicto el estadio de Wembley. Entonces llamó a Cereijo, ministro de Hacienda e hincha de Racing y le dijo 'formame el seleccionado y vamos a jugar con los ingleses. Desafiá al inglés, que está aquí, el embajador, y vamos a sacarle el invicto a esos carne de gallina'. Y fuimos a Londres. Todos fuera de estado, llevando tres o cuatro kilos de más, a intentar la hazaña de ganar en Wembley".

Boyé habló también del hándicap que dio Argentina porque llevó a muchos petisos. Sin embargo, señalaba como significativo el hecho de que, faltando pocos minutos, el equipo fuera ganando ante los ingleses. Cuenta la gran actuación de Rugilo, el empuje de los ingleses, el empate y el segundo gol en posición adelantada. Y termina su exposición con una frase harto elocuente: "Perdimos, pero volvimos contentos".

Lo de Boyé bien podría haber servicio para una charla informal en su pizzería de Belgrano, La Guitarrita. No tiene ningún sustento. Perón no encajaba en esa pintura de engreído y arrogante, por lo menos como partícipe de un desafío futbolístico. La última vez que aventuró un 5 a 1 no fue, desgraciadamente, en su condición de hincha de Racing. La historia de los partidos con Inglaterra parece haber sido bastante más compleja.

"Si no lo compra el club, lo compro yo para donarlo al club"

En 1939 el presidente del Lomas Athletic Club, Robin Stuart, reunió a la comisión directiva para tratar la compra del campo de golf que la institución le arrendaba, en condiciones ventajosas, al Ferrocarril del Sud. Stuart era juez y parte –dicho en el mejor delos sentidos– ya que además de presidir los destinos del Club era gerente general de la compañía. Pero el resto de los dirigentes se opuso; ellos entendían que era imposible afrontar una inversión de tal envergadura. Stuart tomó la palabra y habló con tono grave e imperativo: "Si el club no decide la compra de las 50 hectáreas, las compro yo para donárselas al club".

Se produjo un silencio estremecedor en la oficina del gerente general. Ese contundente gesto de desprendimiento corrigió el parecer de la mayoría. Había que comprar el campo de golf, y se compró.

Stuart sabía más cosas que las que podía comunicar a sus pares. ¿Estaba en condiciones de darlas a conocer? Es probable que no. En 1947 vencían las franquicias impositivas y la liberación de los derechos de aduana. De no producirse modificaciones en el statu quo los ferrocarriles pasarían casi automáticamente a manos del Estado. Porque en esa fecha caducaba el artículo 8º de la ley 5315 de concesiones ferroviarias (ley Mitre) y por lo tanto las empresas extranjeras comenzarían a pagar derechos por el ingreso de mercaderías importadas, impuesto a los réditos y tribunos nacionales y municipales. ¿Qué significaba todo eso en dinero contante y sonante? Que las empresas deberían sumir a sus gastos por tales conceptos la suma de algo más de dos millones de libras esterlinas por año.

Los analistas sugerían regalar o, en el mejor de los casos, malvender las instalaciones obsoletas porque ya no era negocio invertir en ferrocarriles. Stuart lo sabía. Por eso recomendaba comprar el campo de golf: era virtualmente la única manera de conservarlo (como ocurrió hasta hoy).

A fines de 1946 el gobierno de Perón adquirió las compañías de capital francés (trocha angosta) y el 17 de febrero de 1947 suscribió la compra de los ferrocarriles ingleses. ¿Cómo se pagaron? Con los millones de libras acumulados a favor de la Argentina y que, por causa de la guerra, estaban retenidas en Londres. Algunas crónicas hablan de la euforia incontenible de los emisarios británicos al cerrar una operación por la que comprábamos, a precio de oro, lo que regalado era caro.

Lo mismo ocurrió en Uruguay, casi simultáneamente. Y también en lo de nuestros vecinos del norte, como lo anota Caio Prado Jr en su Historia económica del Brasil: "...La mayor parte de nuestros créditos en el exterior (particularmente en Inglaterra) fueron liquidados con la adquisición, por el gobierno brasileño, en condiciones desventajosas para nosotros, de empresas ferroviarias (la antigua S.Paulo Railway Company, hoy Ferrocarril Santos-Jundiaí, la |Leopoldina Railway, la Great Western, etcétera), de las cuales solamente la primera constituía algo más que hierro viejo casi inservible".

La corona británica probablemente impulsó la voluntad de los ingleses de quedar bien con los países latinoamericanos que había comprado esos lastres (Argentina, Uruguay y Brasil). Y propició la visita de su selección de fútbol, ya fuera como gratitud por tolerar tamaña iniquidad o para concentrar la atención en la gran simulación deportiva pergeñada por ellos. "el Foreign Office –señala Barbero González– ya era perfectamente consciente del papel de embajador de equipos ingleses y, en tal sentido, advirtió en repetidas ocasiones de los efectos negativos que podían derivarse de las representaciones poco deportivas (comportamientos, derrotas) ofrecidas por dichos equipos". La Inteligencia británica gastaba algunos dinerillos en el tema de los deportes. Cualquiera sea la interpretación en cuanto a las prioridades que manejara, el tema estaba instalado. Los inventores del fútbol sólo pudieron empatar con la Selección de los Estados Unidos en el Mundial de 1950, insólito resultado que abonaría la idea de una presencia por compromiso. Después vino la tarde de Wembley y, en 1953, el 3 a 1 en el Monumental (con el casi imposible gol de Grillo) y el 2 a 1 contra los uruguayos en el Estadio Centenario.

Cuando se cerró la operación de compra de los ferrocarriles se produjo en Buenos Aires una de las concentraciones más alegres y estruendosas después del 17 de octubre de 1945. parafraseando a Boyé: perdimos, pero nos dejaron contentos.

El regreso de Moreno, convertido en Charro

En 1950 se produce el regreso de una figura emblemática de River pero en la vereda de enfrente: José Manuel Moreno. Hubo otras tres contrataciones pero los xeneizes caen ante Racing, el mejor equipo de la época posterior a la huelga de jugadores y al éxodo hacia Colombia. El único que le discutiría la supremacía sería Banfield, el humilde equipo sureño que a punto estuvo de arrebatarle el trienio cuando, en 1951, perdió en la finalísima disputada en la cancha neutral de San Lorenzo.

En las últimas fechas reaccionan los xeneizes pero River les gana en la propia Bombonera por la mínima diferencia. Boca le ganó de local a Racing empezando la segunda rueda. Moreno ya no era el de entonces. River llega segundo, podio compartido con Independiente.

En 1950 Boca se recupera de aquel riesgo de descender retornando a los primeros puestos y sale vicecampeón. Idolos de esa época: Eliseo Mouriño, "el Caballero", y Juan Carlos Colman, "el Comisario". Tenía que reemplazar a Marante, back derecho fuerte, expeditivo, seguro. Elástico a pesar de ser robusto. Baluarte en defensa para el campeonato de 1954.

El Boca campeón de 1954, con una campaña de excepción, tiene que sufrir sin embargo los tropiezos de los Clásicos. Perdió los dos partidos con River (1 a 0; 3 a 0).en este último se produce la famosa gambeta de Carrizo a Borello, el goleador de ese año. También perdió ante Independiente 3 a 0 y 3 a 1.

El último partido, que se debía jugar en La Plata contra Gimnasia y Esgrima, se convino realizarlo en la Bombonera. Boca festejaba el campeonato obtenido en la fecha anterior. "Antes de iniciarse el partido –dice La Prensa– las autoridades de Boca Juniors, cuya presencia así como la de los jugadores fue saludada con una extraordinaria ovación, realizaron un acto de desagravio a los colores de la institución, con motivo de los sucesos ocurridos en el cotejo con River. Fue izada en el m 0stil la bandera argentina, juntamente con la del Club, por el presidente de la entidad, Alberto J. Armando, y por el capitán del equipo, Juan Carlos Colman."

El festejo siguió con una suelta de palomas al final del partido. Para acompañar a los campeones en la vuelta olímpica se invitó especialmente a Severino Varela desde Uruguay, a quien se le tributó un conmovedor homenaje. Reapareció con su famosa boina blanca. El clima institucional no exponía la armonía observada en el campo de juego. Un ambiente cargado rodeó la asamblea que trató la memoria y balance, pero la oposición fue muy dura. Más de 44 mil socios aportaban para el presupuesto. Se vendió un activo, el Parque Romano, terreno de Palermo donde se pensaba erigir un anexo. Murió en aquellos días un querido ex presidente: Eduardo Sánchez Terrero.

La muerte civil del ciclotímico "Pepino" Borello

José Borello jugaba en los campeonatos juveniles de su barrio de Bahía Blanca. Un dirigente del Olimpo lo hizo debutar cuando era algo m 0s que un niño de quince años. Hizo el gol de la victoria y bebió la gloria chica que presagiaba otros laureles.

Su fama llegó hasta Buenos Aires. Varios emisarios de clubes importantes viajaron al sur para ratificar las "mentas". Arriesgó Estudiantes de la Plata y se lo trajo. Sin embargo regresó después de tres meses a Bahía Blanca. Sus partidarios, contentos; pero él había perdido la sonrisa.

En 1951 lo trajo Boca. Aparecieron sus goles pero ahora la sonrisa se había borrado del preocupado rostro de los dirigentes: no aparecía el crédito del que tanto hablaban en Bahía Blanca. Se lo prestaron a Chacarita por una temporada. Jugó para los funebreros contra River en la primera rueda; en el turno de revanchas ya había sido relegado al equipo de reservas.

Regresó a Boca con la peor condición anímica y casi sin deshacer las valijas. Pero en la dirección técnica xeneize estaba un coterráneo suyo, Ernesto Lazzatti, un reciente ídolo de los años '40. "Pepino –le dijo–, no te desesperes, vos jugá al fútbol como yo te vi hacerlo en Bahía Blanca. Con el tiempo los goles van a venir solos."

La preparación física especial, a cargo del profesor Pablo Améndola, vigorizó su resistencia. Pero las palabras de Lazzatti (¿quién dijo que antes no había sicólogos?) produjeron el pequeño milagro de transformar la Bombonera en un potrero bahiense, por lo menos en la mente de Pepino Borello.

Un gol a Vélez en la séptima fecha le devolvió la autoestima. Ese año 1954, con Boca campeón, fue goleador junto al velezano Conde, y se ganó el corazón de la hinchada. La camiseta número 9 fue suya hasta fines de 1958 y tuvo su lugar en la Selección.

Pero a Borello, ¡justo a Borello! le tocó vivir el bochorno de un desaire a cargo de Amadeo Carrizo, tal vez el más talentoso arquero argentino de todos los tiempos y, por qué no decirlo, el más arrogante. Cuando a Boca le bastaba empatar con River para clasificarse campeón, jugaron en Núñez el 31 de octubre de 1954. los xeneizes palpitaban la vuelta olímpica, en rodeo ajeno. Pero Labruna una vez, y dos veces Walter

Gómez, le hicieron morder el césped al rival de siempre. Esa fue la tarde en que Carrizo osó salir del área penal, enfrentar a Borello con la pelota dominada, sentir el grito desesperado de sus *halves* que pedían el balón y demorar la entrega para saborear el peligro. Borello lo fue a apretar a Carrizo pero éste le hizo una "verónica" dejándolo sin resuello. Carrizo hacía esas cosas cuando su equipo ganaba cómodamente y faltaban cinco minutos. Al término del encuentro los ganadores fueron calurosamente aplaudidos por su público y dieron vuelta por la cancha llevados en andas por sus adictos.

En la Argentina están prohibidas las corridas de toros. Pero nadie impidió el pase de muleta de un audaz arquero y la estocada que provocaría la muerte civil de un goleador. Un año después Boca ganaría por goleada (4 a 0). La leyenda popular da como real la compensación histórica de Borello, quien habría convertido un gol eludiendo a Carrizo y esperando, con la pelota en la línea de sentencia, la reubicación del arquero. No fue así, sin embargo. Es cierto que Borello intentó eludir al gran arquero riverplatense pero éste, previendo la vindicta, lo derribó cometiendo penal. Cucchiaroni acompañó la pelota y terminó empujándola a la red para contribuir a una goleada histórica. Pero Borello, en el fondo de su corazón, hubiera querido que la leyenda fuese cierta.

Capítulo 10
River tricampeón, y después el ocaso

En 1955, cuando Boca cumplió cincuenta años y defendía su título de campeón del año anterior, arrancó el torneo liderando la tabla durante gran parte de la prinmera rueda. Pero resignó su título en la recta final.

River mandaba en el campeonato con tres puntos de distancia y llegaba al clásico de visitante, ya consagrado campeón. El 8 de diciembre de 1955 River fue a ratificar su título en la Bombonera. Sin embargo, a los diez minutos del primer tiempo, Etcheverry anotó para Boca. En la segunda etapa apareció Walter Gómez, quien, con pases notables a Labruna y a Roberto Zárate, con diferencia de un minuto, hizo poner en ventaja a los millonarios. River había logrado en dos minutos (29 y 30 del segundo tiempo) lo que Boca no consiguió consolidar en una hora de incesante asedio. Ganó River 2 a 1 y festejó. Pero no dio la vuelta olímpica: el capitán Labruna reunió a sus compañeros en el centro del campo y el equipo se despidió con un simple saludo, mientras las tribunas vavían el delirio. River había obtenido el título durante la semana al ratificar el Tribunal de Penas su triunfo ante San Lorenzo, partido que se había suspendido por incidentes. Se especuló con que la vuelta de River se vería en la Bombonera. Pero no se dio, a pesar de la victoria.

Con siete puntos de diferencia sobre su escolta Racing (que había perdido con Tigre) ya era virtual campeón. La vuelta la dieron en el Monumental precisamente contra Racing (2 a 2). Fue el 11 de noviembre de 1955.

El campeonato fue ganado de arremetida. Al iniciarse la segunda rueda Boca aventajaba a River por cuatro puntos. A partir de entonces, y hasta la finalización del campeonato, Boca sumó doce puntos (menos dela mitad de los logrados en la primera rueda). River sólo perdió un partido como local.

Se encaró entonces el trabajo de la cuarta tribuna. Se cerró la herradura que alguien sugirió había quedado abierta para que los uruguayos pudieran ver el lucimiento de su compatriota Bezzuzo en el arco millonario. La venta de Enrique Omar Sívori a Italia produjo los fondos para construirla.

Musimessi, el arquero cantor

Julio Elías Musimessi, que solía cantar música del Litoral en Radio Splendid, fue un innovador. Salía a jugar sin rodilleras en una época en la que el arquero podía mostrar sus glúteos opero jamás sus rodillas descubiertas. Se destacó [pr si rarta jabo;odad de saltar a los pies del delantero y atrapar la pelota que traía dominada. Dijo en un reportaje cuando ya estaba retirado: “Yo nunca me hice problemas con los goles. Era un tipo tranquilo. Eso fue lo que me ayudó mucho. Porque hay arqueros que son nerviosos, que les hacen un gol y puf, ¡cómo se ponen! Por ejemplo, a Carrizo siempre le buscaban la vuelta para ponerlo nervioso... y a veces hacía hasta penales de lo nervioso que estaba. Había jugadores que lo iban a joder a propósito para ponerlo nervioso. Como había jugadores que escupían y hacían cualquier cosa, decían no sé qué cosa de tu mujer para ver si te engranabas y pegabas una patada, o lo que fuera. Otros se reían y no daban bolilla, o a lo sumo contestaban lo mismo. Yo creo que acá en la Argentina estuvo la mejor línea de arqueros.”

La hinchada de Boca jamás aludió a la otra actividad de Musimessi. Hecho notable ya que los fanáticos no se privan de reprochar en la cancha, a veces de manera brutal, las aptitudes no deportivas que un jugador pudiera demostrar fuera de ella.

Musimessi vivió la complacencia de sus parciales. “Cuando llegué me sentía como en mi casa. Porque todos me trataron muy bien: los dirigentes, los hinchas. Además tuve la suerte de andar bien en los primeros partidos que jugué y eso ayuda mucho. Me acuerdo que empecé jugando un cuadrangular y Boca, antes de comprarme a mi, también había comprado a Ormeño, un arquero peruano. Entonces nos probaron a los dos en un cuadrangular que se hizo con San Lorenzo, Independiente y Vasco da Gama de Brasil. Fue un campeonato nocturno que ganó Boca y yo anduve muy bien. Con la hinchada de Boca, si vos jugás dos o tres partidos bien, listo, ya está. Pero vos jugás dos o tres malos y no jugás más. De arquero, peor... Yo tuve la suerte de que me aplaudieran las otras hinchadas, incluso la de River.”

En el fútbol el puesto de arquero es propicio para la observación. Sobre todo en los equipos grandes pues disponen de una sólida defensa, lo cual le brinda al arquero una mínima tranquilidad para percibir situaciones inesperadas. “Un día –cuenta Musimessi–, el chico Menéndez agarró la pelota, en cancha de Boca, y Pipo le gritó tantas cosas que el petiso le dijo: ‘Tome, corra usted, maestro’. Y le tiró la pelota en la jeta porque el otro ya lo estaba volviendo loco de todo lo que le gritaba.”

Para el arquero cantor el delantero más temible fue Walter Gómez, de River. “Ese fue el más difícil porque era un tipo sorpresivo, que vos no sabías cuándo te iba a patear al arco y, cuando paraba, te sorprendía. Eso es lo más embromado que hay para el arquero. En cambio, otros te anuncian los tiros y vos ya sabés más o menos cuándo te va a patear y dónde va a ir la pelota. En cambio, éste no.”

Carasucias, ¿trigo limpio?

Las últimas fintas del increíble Labruna presagiaban el cierre de una etapa histórica. La Máquina de River había sido testigo de una época de gloria argetnina en el terreno futbolístico, inevitablemente asociada a la explosión popular del peronismo, por una exclusiva cuestión sincrónica.

Esa era de cracks vivió hacia adentro, convencida de la extraordinaria aptitud de muchos nombres ilustres. Pero sólo cotejó fuerzas a nivel regional y deslumbró a través de una decena de figuras exportadas por el bisoño fútbol colombiano, no afiliado a la FIFA y, por dicha razón, en condiciones de ofrecer oro en polvo a los insaciables equipos estrella.

La longevidad deportiva de Angel Labruna convivió con el surgimiento de una generación futbolistas que debutó en el Sudamericano de Lima, conocidos como los "carasucias", algo más que imberbes adolescentes de desbordante nivel técnico.

Se daría entre ellos la circunstancia de que las calificadas individualidades no pudieron conformar un conjunto acorde.

Fueron a Suecia con la arrogancia de sentirse campeones y volvieron envueltos en el más estrepitoso fracaso. En el Cl 0sico, sin embargo, dejaron su estela dos nombres que asombraron a Italia después con la innegable clase argentina (de a uno, claro, que no es poco).

En 1956 Boca, decepcionado por la pérdida del campeonato del '55, cambió su línea de ataque: H. González, Zubeldía, Angelillo, Rosello y Cuchiaroni. Así tuvo la delantera m 0s goleadora y la vall menos vencida. Pero era un equipo de alto rendimiento como local y dde mínimos resultados como visitante. Al final volvió a ganar River y Boca quedó tercero.

La organización de ese torneo rompe con una regla que había sido básica hasta entonces: el Clásico se jugaba siempre en la penúltima fecha.pero esta vez hubo clásico en la segunda, con el torneo todavía frío. Fue para River 2 a 1, el 22 de abril de 1956.

Se volvieron a encontrar en septiembre (9), esta vez en la Bombonera. Ganó Boca por el mismo resultado. Angelillo participó en ambos eventos.llegó para sustituir a Borello, lesionado. Pero la camiseta número 9 fue de él hasta quw se fue a Italia. Venía de Racing y brilló en el Sudamericano de Lima en 1957. ese éxito lo envalentonó y pidió una cantidad importante de dinero para renovar su contrato. Lo marginaron, pero la hinchada, que lo idolatraba, presinó para que lo reincorporarn. Además hacían falta goles en ese equipo. Pero las relacines quedaron maltrechas.

Llegó una oferta incre lble desde Italia y allí marchó, para jugar en el Inter.. se fue dolido. Le hubiese gustado más seguir en Boca, perono estabaArmando en la directiva. Y con Armando, él habría seguido.

Boca dejó decontar con Pescia y Boyé, cuyas respectivas trayectorias constituyeron un símbolo de la época. En 1957 Boca quedó cuarto. Su goleador, el Yaya Rodríguez, sólo obtuvo ocho tantos. Seguían los problemas como visitante. A nfines de ese año dejaron libre a Colman, "el comisario", un estandarte de un lustro de transición.

El porfiado cabezón nicoleño

Desde los potreros de San Nicolás emergió uno de esos caprichosos milagros de la geografía argneina. Un poco egoísta, como todos los que saben manejar la pelota, Enrique Omar Sívori dibujaba unas filigranas con la zurda que fueron admiradas aquí, en Lima y en Italia.

Renato Cesarini dijo de éel: "Yo quiero un equipo con diez desconocidos. Después lo pongo a éel y ya estamos listos para salir campeones."

Fue un luchador incdómito y un ídolo popular. De fuerte carácter, hizo rápida carrera en las inferiores. Poseía un sólido remate con las dos piernas pero fundamentalmente con la izquierda que dominaba a la perfección. Adolfo Pedernera le puso un pedestal: "Es uno de los cinco mejores jugadores que he visto en mi vida".

Debutó el 30 de enero de 1954 en primera. El último partido lo jugó el 5 de mayo de 1957. pasó a la Juventus por una cifra que superaba los diez millones de pesos de aquella época.

Empezó mal y se fue afianzando. Iban a la caza del argentino. Fue, por ello, protagonista de algunos incidentes que hacetaron su personalidad e hicieron a su iracundia tan famosa como su habilidad consagrada en el pie izquierdo.

Integró la Selección italiana, como correspondía a un jugador de su jerarquía, verdadero embajador sin cartera. Cuando Maradona siguió sus paso en la península, más allá de su prodigio inimitable, tenía el camino marcado por aquel nicoleño desbordante, iracundo, carasucia y zurdo. ¡Tan parecidos en casi todo! Falleció en el 2004.

Capítulo 11
La mediocridad de los años '60

Para Boca fue el comienzo de una etapa ambiciosa. Incorporó a Paulo Valentim, Antonio Roma y Silvio Marzolini y a uno que volvía de Italia: Ernesto Grillo. Algunos pasarían a la historia. Valentim era el delantero de Botafogo y, por una circunstancia fortuita (una lesión en la rodilla), no dirigió el ataque en Suecia. Cuando lo contrató Boca, el presidente Armando le dijo: "Usted hágale goles a River. De los demás partidos no se preocupe". El goleador escuchó las palabras de Armando: le hizo diez goles a River (su víctima fue Carrizo) en ocho partidos. Pero también anotó tantos en casi todos los otros partidos que jugó.

La defensa –en aquellos años de fútbol mezquino– predominaba sobre el ataque. Aparece la fiebre del 4-2-4 brasileño.

Liberti y Armando apuntaban al fútbol espectáculo y trajeron brasileños,.uruguayos y peruanos. "River no puede comparar jugadores baratos –dijo Liberti–; es como el teatro Colón, y en él no actúa cualquiera."

Valentim entró en el corazón xeneize con su entrega, sus piques al vacío para arrastrar marcas que otros aprovecharían. Disfrutó sus disputas con Carrizo, a quien le metió dos goles en el primer partido en que se enfrentaron.

En 1964 dejó Boca luego de convertir setenta goles en cien partidos. Deambuló por San Pablo y México y retornó a la Argentina a escuchar, aunque más no fuera, el eco de sus horas de gloria. Murió joven, pobre y olvidado.

En 1961 Racing volvió a salir campeón, Boca terminó quinto y River tercero, lejos.

Por entonces apareció Orlando en Boca, campeón del mundo con Brasil en Suecia.

El Clásico más emocionante del siglo

Difícilmente otro Clásico haya generado la tensión alcanzada por el de la segunda rueda de 1962. Boca estaba para salir campeón; River le pisaba los talones. El 9 de diciembre se encontraron en la Bombonera. Valentim hizo su gol, esta vez de penal. Desde el palco oficial también se vivía la misma inquietud por el Clásico. Clarín lo reflejaba de este modo: “Resulta muy difícil saber cuáles son las obligaciones de los presidentes en estos casos. Armando creyó que su deber era el de estar en todas partes... Allí arriba, en el palco, perdido entre mujeres, hombres y niños, que cubrían totalmente el cemento de asientos y escaleras, estaba el sustituto del hombre de la nota. No era otro que Cayetano Bloise, vicepresidente boquense. No hablaba. Sólo en ocasiones susurraba algo al oído de su colega de River”.

Pero el moment6o de mayor excitación fue cuando Artime ingresó al área boquense y Carmelo Simeone, que lo venía siguiendo, le cometió foul cuando se aprestaba a convertir el gol. Nai foino decretó penal. Faltaban cinco minutos. Boca no ganaba un torneo desde 1954 y en esa circunstancia la copa se le podía ir de las manos.

Delem se puso en posición de tiro frente a Roma. Si empataba, River salía campeón. Pateó Delem a la drecha del arquero, que se adelantó. Nai Foino no tuvo autoridad para hecerlo tirar de nuevo. Porque el penal de marras no puede verse sino como una compensación, tan cara a los intereses de muchos árbitros. Sólo cinco minutos antes se acercaban Delem y Pando a puro toque. Vino el pase para Artime que entró al área. Marzolini lo enganchó y Nai Foino cobró la falta. Pero el árbitro la vio afuera. Cinco minutos después, una zambullida de Artime es penalizada con el máximo castigo. Rattín, en el centro de la cancha, de espaldas y en cuclillas, no quiso ver el momento del lance. La ovación de la Bombonera lo despertó: Roma había contenido el penal. No importaba si se había adelantado dos metros en forma antirreglamentaria. Nai Foino, que no lo hizo patear de nuevo, declaró después que vio a Delem pararse sin fe ante la pelota.

Otro campeonato que Boca le arruinó a River

En 1963 llegaron al equipo de Boca Sanfilippo, Corbata, Alcides Silveira y Rulli, entre otros. El Santos de Pelé lo dejó con las ganas de ser campeón de la Libertadores.

Boca, que había quedado ya sin chances en el torneo local, le arruinó el campeonato a River al ganarle 1 a 0 en el Monumental con gol de Sanfilippo. Carrizo recuerda: "Sanfilippo tenía una enorme precisión para pegarle a la pelota, una potencia y velocidad tremendas. Fue una jugada en que se chocaron dos defensores de mi equipo, saltó la pelota y le quedó servida a Sanfilippo. Cuando me fui a achicar el posible remate, la pelota ya estaba adentro del arco, tal era la velocidad que le imprimía al pelotazo".

Los xeneizes le sirvieron el campeonato en bandeja a Independiente. Fue el 17 de noviembre de 1963. los rojos le ganaron a Atlanta 3 a 0 y le sacaron dos puntos de ventaja a River. Luego tenían que vencer a San Lorenzo en Avellaneda. Fue el famoso 9 a 1, cuando el juez era Velarde (24 de noviembre de 1963).

En realidad River empezó a perder el campeonato una fecha antes, cuando visitó a Independiente en Avellaneda y los rojos ganaron, emparejando el puntaje (10 de noviembre de 1963).

Marzolini es otro símbolo de esa década. Jugó desde el '60 hasta el '73 cuando quedó con el pase libre. No se le hizo fácil el comienzo de la carrera. A los dieciocho años, consciente de usu técnica, pidió jugar en primera o que lo dejaran libre. La respuesta de los directivos de Ferro fue suspenderlo por dos años.

Jugó en equipos amateurs e incluso probó fortuna en la Roma. Los italianos lo aceptaron. Pidió el pase a los dirigentes de Ferro. Se lo negaron pero le dieron la oportunidad de mostrarse en el primer equipo. Contra Boca se metió en el bolsillo al *wing* Nardiello.

En 1972 lo quisieron contratar desde Francia. Rechazó la oferta, pese a la buena diferencia económica. Salió campeón cinco veces con Boca.

Años propicios para Boca campeón fueron los terminados en cuatro: 1934, 1944, 1954, 1964. Ganó este último con la estrella de Valentim nuevamente encendida, y con la presencia de dos lacayos de librea: Angel Clemente Rojas (Rojitas) y el Beto Menéndez. Este último, en la Bombonera, protagonizó un cambio de trompadas con Carrizo, camino a los vestuarios.

El Tanque Rojas (proveniente de Gimnasia y Esgrima) se entendió muy bien con los mosqueteros del ataque: Rojitas y el Beto Menéndez.

En 1965 Boca hace doblete. Le gana a River en la Bombonera el 8 de diciembre, 2 a 1, y se convierte en campeón con un punto por encima de los millonarios.

Carrizo y sus desplantes de "sobrador"

Madurga era joven, recién promovido a la primera de Boca. En un Clásico recibió un pase largo, sin marca alguna, y podía convertir el gol si sorteaba el único escollo que le quedaba: Amadeo Carrizo. El legendario arquero se le acercó con displicencia, levantando apenas el brazo, y le dijo: "¿Qué hacés, pibe? Estás en off-side".

Madurga, que entraba con pelota dominada, la abandonó mientras miraba al árbitro y, más a;;á, el juez de línea. Carrizo tomó la pelota y salvó una caída irreversible.

Carrizo jugaba con una gorra, día y noche, un poco por cábala. Ese partido, cuando el equipo posaba para los fotógrafos, alguien vino desde atrás y se la sacó. Dice que fue Angel Clemente Rojas. Pero después la recuperó por intermedio de uno de los pibes alcanza-pelotas. La hinchada de boca celebró mucho la picardía.

Carrizo explica así su mala estrella con los xeneizes: "Con Boca tuve problemas a partir de un partido en 1954, cuando gambeteé a Borello. entonces la hinchada me agarró bronca para todo el resto de mi carrera deportiva, y cada vez que iba a la Bombonera, me hacían la vida imposible, con obstáculos de toda naturaleza, verbales... me costaba atajar, con todas mis cualidades, me sacaban un poco del partido y no tenía performances muy satisfactorias. Pero yo nunca abandoné, siempre fui a jugar".

El periodista Iozzi Masinni expresó lo siguiente, con respecto a Carrizo y su arrogancia: "En cualquier orden de la humana convivencia hemos sido siempre críticos severos de todo aquel que en cualquier circunstancia o posición ha hecho desmedido alarde de sus virtudes o condiciones."

"El fanfarrón es un individuo con el que nunca hemos hecho buenas migas y al que no hemos dejado oportunidad para censurarlo. Entendimos y entendemos que ninguna clase de suficiencia otorga derechos o privilegios."

"No hemos sido nunca admiradores totales de figuras que, como las de José María Gatica, Andrés Selpa, Néstor Rossi o Amadeo Carrizo, no precisan de nuestro concepto o juicio laudatorio para ganarse un lugar de privilegio en el historial de la actividad deportiva que han abrazado. La falta de respeto hacia el rival ocasional no puede de manera alguna mover nuestra simpatía pero tampoco ha logrado ni logrará jamás desviarnos de la línea de conducta que obliga a ser exactos en la presencia de cuanto haya por aplaudir o ponderar. No nos gusta esa clase de deportistas pero no podemos dejar de estimar la calidad que en ellos desborda."

"Hemos realizado este planteo porque no estamos de ninguna forma de acuerdo con quienes el domingo último en River Plate se dedicaron a molestar al guardavalla del club millonario, como si él hubiera sido el único culpable del desastre argentino en Suecia."

"No podemos estar acordes con quienes recién ahora advierten que el Trazan riverplatense es un fanfarrón y un mal deportista y no comulgamos con tal proceder porque para la generalidad de la afición Carrizo resultó un compadrón pero un extraordinario arquero. ¿Por qué censurar en estos momentos sus desplantes si otrora se aplaudió los mismos como rarezas del crack indiscutido?"

"Amadeo Carrizo ha sido en el ambiente futbolístico lo que Gatica o Selpa son en el mundo del box. Pero sus condiciones no las hemos puesto en duda ni antes ni ahora y entendemos que si lo de Suecia es una lección que no pueden echar en saco roto los dirigentes, jugadores, aficionados y periodistas deportivos, no es del caso malograr el futuro de los que en muchas ocasiones dieron sobrados motivos para la aprobación general. Carrizo es uno de los más grandes guardavallas que ha tenido nuestro fútbol en la era profesional. Sus actitudes, que siempre merecieron nuestra crítica, no empequeñecieron su brillante personalidad de excepcional arquero. No todos los días aparece una figura de sus quilates. Menester es, entonces, saber conservarlo."

Metro y Nacional: la ciudad y el país

En 1966 Boca compró varios jugadores a Atlanta entre los que se destacaría Norberto Madurga, el *Muñeco.* En el grupo llegaron el puntero Luna, Zarich y Abel Pérez.

Ese año se jugó el Mundial de Inglaterra, con el recordado momento de la expulsión de Rattín y la sentada en la alfombra de la Reina, que estaba ausente.

Cacho Silveira vino desde Barcelona en 1963 y jugaría hasta 1967 en sustitución de Orlando. En realidad jugó en varios puestos con solvencia y energía.

En 1967 el técnico Adolfo Pedernera hizo lo que no es habitual en un equipo grande: promovió varios jugadores de las inferiores. Se fue Silveira y apareció el Gato Magdalena.

También se fueron Sacchi y Menotti. Y de las inferiores se promovió a Miguel Alberto Nicolau, de número 5, y de 4, a Rubén José Suñé.

De 1967 es la iniciativa de desdoblar los campeonatos. Se jugó el llamado Metropolitano entre los tradicionales equipos de Buenos Aires y Santa Fe. Los doce mejor clasificados jugarían un torneo nacional con los cuatro mejores equipos del interior.

Ese mismo año se amplió la lista de equipos campeones con la presencia del primer chico en el lugar más alto: Estudiantes de La Plata. Y Racing se dio el gusto de salir campeón de América e Intercontinental, mostrando que la copa era algo que daba prestigio

El 26 de noviembre de 1967 se jugó el Clásico en el Monumental. El primer tiempo terminó 0 a 0. Gatti era un arquero moderno en el arco de River. Nicolás Novello hizo su gol a los diez minutos del segundo tiempo y lo gritó con alma y vida. Boca salvó el año con ese triunfo en un campeonato Nacional que lo dejó lejos de la punta.

En 1968 quedaron libres dos figuras: el Cholo Simeone y el Beto Menéndez. Llegaron dos para la defensa: Julio Meléndez Calderón, el peruano, y Roberto Domingo Rogel, desde Gimnasia y Esgrima.

En 1969 la AFA organiza una Copa Argentina, que se jugaría por única vez. Participaron clubes de Capital Federal y cuatro campeones del interior. Boca resultó campeón. Ese añ vino a dirigir Alfredo Di Stéfano. Muchos equipos imitaban al fútbol italiano del *cattenaccio* impulsado por Helenio Herrera. Osvaldo Zubeldía mostraba también una gran tendencia alo defensivo y los resultados eran sorprendentes.

Di Stéfano quería un fútbol ofensivo: Roma (o Sánchez) en el arco; Meléndez y Marzolini; Suñé, Madurga y Rogel; Ponce, Rojitas, Novello, Medina y Peña.

Novello, de excelente técnica, se entendía muy bien con Madurga. Hasta que aquél se lesionó en la séptima fecha y fue sustituido por Savoy, que venía de Independiente.

Boca da vueltas por el Monumental

En el campeonato de 1969 Boca llega al Monumental con dos puntos de ventaja sobre River. Era el 14 de diciembre y apretaba el calor. A River le hacía falta un campeonato porque los años de veda se iban prolongando indefinidamente. Y esa era la ocasión: en casa y contra el rival de siempre, por el Nacional.

Un par de gallinas blancas, atravesadas por una cinta roja, presagiaban lo que nadie quería imaginar: que Boca sólo empatara y diera la vuelta allí, en sus barbas.

El Muñeco Madurga, cortado solo, pero esta vez sin la avivada de Carrizo, coloca el 1 a 0. Y como si fuera un molde llega el segundo del Muñeco. Pinino Más descontaría alos 38 minutos, para darle un marco más emotivo. En el segundo tiempo Marchetti empata a los 22 minutos. River estaba en condiciones de dar vuelta el partido y la historia. Un equipo que levanta un 0 a 2 tiene todo el peso anímico a su favor. Pero el empate seguía favoreciendo a Boca. Y no se quebró.

Boca dio, por primera vez en la historia, una vuelta olímpica en el Monumental ante su tradicional adversario.

Capítulo 12
River rompe el maleficio

Boca Juniors comenzó el decenio con un buen presagio; volvió a salir campeón del Nacional al ganarle a un rival que experimentaba uno de los mejores momentos de su historia: Rosario Central. El escenario fue un campo neutral pero de profunda significación para los xeneizes. La final fue nada menos que en el Monumental de Núñez. Sobre el cierre de la primera etapa Landucci pone en ventaja a Central, tras un mal apoyo de Roma que interceptó el marcador rosarino. Cuando todo parecía definido apareció la magia de Angel Clemente Rojas, que obtuvo la igualdad.

Se jugaron dos tiempos suplementarios. Apareció en forma fantasmal Coch y le dio una nueva estrella a Boca, la segunda que se festejaba con vuelta olímpica en el Monumental. Fue un discreto campeón. Pero ¿quién le sacaba el gusto de levantar las manos hacia las tribunas de Núñez? Al final del partido los xeneizes la emprendieron contra las instalaciones millonarias.

Ante la magnitud de los daños provocados, el club River Plate decidió protestar formalmente. Se denunciaron actitudes y declaraciones públicas de algunos responsables del club Boca Juniors. El silencio de la comisión directiva xeneize, sumado a los desmanes y agravios registrados en el Monumental, impulsó a las autoridades de River Plate a declarar persona no grata a Alberto J. Armando, suspender relaciones institucionales con el Club Boca Juniors y dejar sin efecto la autorización para que el primer equipo tomar parte en el torneo de verano organizado por ese club.

Después de estos acontecimientos los equipos más populares del fútbol argentino se vieron relegados a un segundo plano en los torneos oficiales. Empezaba para River y Boca un lustro de maleficios. Los campeones serán otros: Independiente, Huracán, San Lorenzo, Rosario Central y Newells.

En 1970 Di Stéfano, técnico de boca, regresó a España tentado por una buena oferta del Valencia. Llegó Hugo Alberto Curioni, desde Instituto de Córdoba, con cierta fama de goleador. Jugó hasta 1973, cuando marchó a Francia. Le fue bien con River, al que le hizo varios goles.

Como hecho curioso en 1972 se señala que River no perdía con Boca como local por una diferencia importante de goles desde 1931, cuando en el estadio de Alvear y Tagle los xeneizes habían ganado 3 a 0. Boca obtuvo una resonante victoria en el Monumental por 4 a 0.

En 1974, presagiando los buenos aires que ya llegarían por el barrio, River le ganó a Boca en el Monumental 3 a 1 por la primera rueda del Metropolitano. Morete hizo los tres tantos y Potente, el gol del honor xeneize. En la revancha, Boca ganó 5 a 2 en la Bombonera. Fue la tarde en que García Cambón conquistó un lugar de relevancia en jesta historia: convirtió cuatro goles. El cuarto lo marcó Ferrero. Para River: Ghiso y Wolff.

En el Nacional empataron 1 a 1 en la primera rueda y en la segunda Boca ganó 1 a 0 con gol de García Cambón, quien revalidó así su título de eximio goleador.

El hilo se corta por lo más delgado

Cuando las cosas no andan bien los fusibles son los técnicos. Ninguno duraba dos campeonatos. Pero los resultados son a veces injustos con ellos, o llegan a destiempo. Nadie le podrá quitar a Rogelio Domínguez la satisfacción íntima, carente de reconocimiento, de haber formado la base de un equipo que más tarde lograría la consagración internacional: Sánchez, Nicolau y Tarantini; Pernía, Trobbiani y Rogel; Ponce, Benítez, García Cambón, Potente y Ferrero.

Pero ya era la hora de River. Habían transcurrido diecisiete años desde aquella consagración en 1957, la última de un brillante trienio. Lo peor de esta estéril etapa fue que el equipo millonario estuvo en varias oportunidades al borde de festejar, pero los campeonatos se le iban de las manos. A pesar de todo llegó a conformar excelentes equipos, aunque se mancaban en la recta final.

Había llegado el momento de las medidas drásticas. Se decidió formar un equipo de estrellas y para ello era necesario invertir grandes sumas. En primer lugar el club se deshizo de jugadores que, por diferentes razones, no serían tenidos en cuenta. En esa lista había nombres de verdaderos *cracks* pero, a veces, el técnico es el que sabe por qué no los considera. Así pasó con Marchetti, Mastrángelo, Morete, Ghisso, Barisio y tantos otros que, donde fueran a jugar, serían excelentes figuras.

El técnico sería Angel Labruna, hombre de la casa, que había puesto a Talleres de Córdoba en el umbral delos triunfos. Este se vino con Comelles y Artico. Sin mirar la lista de precios, pidió como plato fuerte a Perfumo, que venía de Cruceiro, Perico Raimondo, de Independiente; la Pepona Reinaldi, de Belgrano de Córdoba; Alcides Barreiro, puntero paraguayo. Volvió Pinino Más y llegó Pedro González, el ex de San Lorenzo, proveniente de Lima.

Perfumo, con treinta y tres años, venía con su calidad intacta; al lado tenía a un jugador como Artico, que podía cometer las infantilidades más increíbles, pero también era capaz de sacar de la troya una pelota con destino de gol. Perfumo y

Artico eran un virtuoso violinista al lado de un picapedrero. Ambos fueron importantes para el plantel.

Era un equipo equilibrado. Con veteranos en trance de jubilarse y jóvenes recién ascendidos. En ese equipo Passarella no consolidaba un puesto fijo. Y sin embargo ya practicaba con la Selección como titular.

Los del *jogo bonito* de Didí aportaban la cuota de calidad.: J.J. López y el Beto Alonso.

Pero el síndrome de la fatalidad empezó a dar vueltas por el sufrido millonario. En el partido contra Independiente en Avellaneda, que terminó 1 a, fue expulsado el Beto Alonso y fue suspendido por seis partidos. También se había ido Perfumo. Ahí entró a tallar un jovencísimo Sabella, quien ya deslumbraba a los tempraneros que veían por televisión el partido de tercera división a la hora de la digestión de los ravioles.

El Clásico jugado en el Monumental mostró a Boca ganador con gol de Potente. River venía de perder con Atlanta y con Newells. En la recta final perdió siete vitales puntos. Faltaban tres fechas y la gente se ponía nerviosa. ¿Otra vez?

Sin embargo conservaba tres puntos de diferencia y jugaba contra San Lorenzo. Con el agregado del regreso de un grande: el Beto Alonso. Con dos golazos (en el segundo tiempo, para prolongar la angustia) hicieron revivir a los hinchas. Huracán y Boca se mantenían expectantes pero había olor a campeonato. Sólo era necesario ganar contra Argentinos Juniors o contra Racing, cualquier de los dos partidos que faltaban.

Se produjo entonces un conflicto que ya se venía anunciando en la antepenúltima fecha del Metropolitano la asociación gremial de los jugadores decretó una huelga general cuyo propósito era procurar contratos colectivos de trabajo y levantar la suspensión al jugador Juan Taverna, de Banfield, sancionado por doping. En la cancha de Vélez, con un equipo de emergencia de la cuarta división, formado por jugadores que tenían la particularidad de debutar en primera colectivamente, y dirigido por Federico Vairo, River juega contra Argentinos Juniors y Bruno hace el gol consagratorio. De esos chicos, la formación no mueswtra ningún jugador que haya tenido relevancia en primera: Vivalda, Rafaelli, Ponce, Zappia y Jomentón; Cabrera, Bargas y Bruno; Labonia, Gómez y Groppa.

Rubén Bruno hizo el gol del triunfo, vivió su noche de gloria y regresó al ostracismo. Pero tiene su bien ganado lugar en la historia. Fueron tan aclamados como los mejores jugadores de los días de "la Máquina".

Después, el domingo 17 de agosto, explotó el Monumental. Se jugaba por compromiso ante Racing y, al término del primer tiempo, River ya ganaba 2 a 0. El segundo tiempo de ese partido no se disputó. Hubo invasión de cancha y el juez Pestarino lo suspendió. La hinchada había esperado dieciocho años. ¿Cómo convencerlos de que esperaran cuarenta y cinco minutos más?

Los arqueros y sus estilos

Sobre estilos de arqueros, alguna vez le preguntaron a Fillol si él había inventado uno, en contraposición al de Gatti. Contestó: "No, mirá, para mí el mejor estilo lo tiene aquel al que le hacen menos goles. Si vos tenés un arquero que tiene un estilo tremendo, buenísimo y mirás que a fin de año le hicieron 35 goles y tenés otro, del cual dicen que tiene un estilo antiguo, pero le hacen 15 goles por año, vos vas a agarrar al de 15, seguro. Lo que pasa es que vos me hablás de estilo, pero el estilo lo empiezan a demarcar cuando juega Gatti para Boca y Fillol para River. Entonces, no era Gatti-Fillol, sino que era Boca-River. A partir de eso los periodistas y la gente empiezan a defender a su arquero, su institución y nacen como dos estilos diferentes... La gente de River no aceptó a Gatti porque le hacían goles tontos, desde 40 metros, no era cuestión de estilo.

¿Por qué la hinchada de Boca aceptó el estilo de Gatti? Porque llegó siendo un arquero más maduro, que siguió manteniendo su estilo, pero que ya le hacían menos goles bobos y le rendía al equipo, pero si no le rendía a Boca, Gatti tampoco se habría quedado en Boca".

Capítulo 13
La Copa Libertadores

El Proceso de Reorganización Nacional oficializó lo que ya desde algunos años antes se venía perfilando en la Argentina: los ajustes de cuentas por medio del terror institucional y la muerte. En todo el país funcionaban centros clandestinos de detención que llenaron de oprobio a cuantos podían saber, fundamentalmente desde el exterior, las noticias acerca de la Argentina.

Con las libertades políticas e individuales suspendidas por razones de Estado, los militares llevaron adelante un plan de gobierno que suponía una apertura indiscriminada para los productos importados y un peso sobrevaluado.

La lucha mesiánica contra la subversión impuso el desarrollo de una lucha desigual en la que, como en los episodios de Ezeiza en 1973, los inocentes quedaban en medio de un fuego cruzado donde la muerte y el tormento eran moneda de curso legal.

Esa es una Argentina reciente en el tiempo. Pero, si de miradas retrospectivas se trata, no hay más que analizar a qué condujo esa orgía de sangre, que hoy parece tan lejana como el conflicto bosnio o la guerra religiosa en Irlanda del Norte.

La democracia se forjó sobre la base de una guerra interna y una guerra externa. Entre los años del proceso militar y el conflicto del Atlántico sur –para el que los militares demostraron no estar al mismo nivel de preparación que evidenciaron en lo interno– murieron decenas de miles de argentinos. Lo único que desean los hombres de bien, cualquiera sea el color de sus divisas, es que no haya sido en vano.

El fútbol siguió andando

Comenzó en Boca la etapa del Toto Lorenzo. Era la contracara de Rogelio Domínguez, el anterior técnico. Los dos tenían experiencia en le fútbol local y el europeo. Muy receptivo de las ondas italianas del cerrojo, con picardías propias y un certero conocimiento de lad debilidades de los jugadores, el Toro sabía que para ganar torneos hacía falta calidad y ensamble, adem 0s de lo que se conocía en su momento como "factores extra-fútbol", lo que hoy diríamos "embarrar la cancha".

Para empezar, se fueron Nicolau y Potente, transferidos. Eran jugadores peligrosos porque sus planteos gremiales tenían eco en todo el equipo. José Suñé, que había experimentado el mismo trato, fue solicitado por Lorenzo. Vino de Unión, junto con Gatti y Mastrángelo. El Ttoto había hecho buena campaña con los "tatengues" de Unión de Santa Fe.

Se incorporó también a dos jugadores libres: Pancho Sá, de Independiente, y el Toti Veglio de San Lorenzo. El Toto agarraba todo. Ribolzi, otro palafrenero, y Gutiérrez, vinieron desde Atlanta. Y Taverna, que había tenido sus cuitas con el control antidoping, también.

Lorenzo quería jugadores de temple, capaces de sobreponerse a las peores condiciones. Más que calidad de juego quería calidad humana, esfuerzo y astucia. Porque sólo con saber jugar no se ganaba. Era de los que predicaba que el partido se comenzaba a ganar en los entrenamientos, durante los cuales más de una vez hizo regar la cancha para jugar en el barro.

En el Metropolitano todo lo que logró fue llegar cuarto, lejos de Huracán.

Pero en la rueda final, todos contra todos, Boca fue avasallante. Tenía una férrea defemsa y las pelotas cruzadas en contraataque a Mastrángelo eran goles.

El 4 de agosto de 1976, penúltima fecha, Boca jugaba contra \unión de Santa Fe, enel Monumental. Boca ganó con goles del Chino Benítez y del Toti Veglio y dio la vuelta una vez más en la casa de sus vecinos.

El Nacional del '76 se decidiría entre River y Boca, en la cancha neutral de Racing. El tiro libre de Suñé, garroneando a una barrera que no se terminaba de formar, generó una victoria que no estaba en la mente de muchos. Fue el partido del incidente entre Rogel y Morete (hubo un codazo registrado por la televisión).

Boca venció a Cruceiro en la final de la Libertadores, en el Centenario de Montevideo, por penales. Fue en 1977 y está aún en el recuerdo la última estirada del "Loco" Gatti hacia su izquierda, con la fortuna de una contención que aseguró la Copa tan ansiada para los xeneizes, la misma que no pudieron levantar Sanfilippo, Rattín, Rojitas ni tantos otros.

En 1978 boca y River jugaron la semifinal de la Libertadores en el Monumental. Ganó Boca con goles de Mastrángelo y Salinas. Después se encontró con el Deportivo Cali, dirigido por Bilardo. Empate allá y en la Bombonera 4 a 0, permitió inscribir otra vez a Boca como campeón de la copa.

La final Intercontinental, que debía ser contra el Liverpool, se disputó contra el segundo, Borrusia. Contra un rival desjerarquizado el festejo fue el mismo, especialmente teniendo en cuenta la amargura del resultado como local. Empate en la Bombonera (2 a 2) y después en Alemania, un increíble 3 a 0 a favor de Boca, el 1º de agosto de 1978: Feldman, Mastrángelo y Salinas fueron los goleadores. Boca ganó por primera vez la ansiada Intercontinental.

En 1979 perdió la final de la Libertadores contra el Olimpia de Luis Cubilla. Los paraguayos se consagraron en la propia bombonera después del empate sin goles.

Lorenzo es el primer símbolo de lo que se llamó el antifútbol, que hizo famosos a Zubeldía y Bilardo. Está claro que también sabía mucho del juego, porque sólo con antifútbol no se ganan los partidos.

Capítulo 14
Maradona y Brindisi llegan a Boca

En 1981, con un triunfo deportivo de proporciones y una gran frustración al no consolidar el anhelado estadio en la Ciudad Deportiva, Armando pone fin a un reinado de veinte años, récord absoluto en la institución de la ribera. Asume el industrial de la alimentación Martín Noel, elegido en 1980, quien, a falta de imposibles promesas de cemento, procura éxitos con urgencia. Empieza con el pie derecho. Con esa cara de póquer que lo caracterizaba metió un batacazo tras otro. Llegaron dos figuras excluyentes que daría lustre a un título necesario: Miguel Brindisi y diego Armando Maradona, por un año. Uno aportaba su talento y experiencia; el otro, la plenitud de una calidad desatinada a pelear en las alturas de la fama mundial. Estaban el Chino Jorge Benítez, Perotti y Escudero; estos últimos por las puntas y con velocidad.

Silvio Marzolini subrogó a Rattín en la dirección técnica. Dos hombres del riñón de boca se sucedían. El Rata no logró mostrar uñas para guitarrero en el puesto; Marzolini estaba lleno de cartas. Si salió campeón ese año nunca podrá decir que fue un campeón solitario. Tenía el ancho de espadas y el de bastos. Con ese plantel salir primero era obligatorio; no podía estar más abajo del primer lugar.

Fue dueño del Metropolitano y festejó el campeonato de local, en el partido contra Racing. Maradona convirtió un tanto de penal y Roldán logró el empate académico, pero a pesar de la igualdad la fiesta fue de Boca, perseguido muy de cerca por el equipo más inteligente de aquel momento: Ferro, de Griguol. El partido del año había sido dos fechas antes, cuando Boca le ganó a Ferro 1 a 0.

La debacle de los grandes

Boca no pudo mantener a Maradona. Sin el número uno pasó a ser un equipo más. El campeón fue Estudiantes.

El de 1982 fue un año de graves problemas para los equipos grandes. Le tocó a Racing, con toda su gloria y sus calamidades administrativas, descender a la división B. Boca estaba apunto de quebrar. River tenía una deuda de dos millones y medio de dólares y perdió la mitad de sus socios. Las cosas llegaron a tal punto que el equipo profesional se declaró en huelga, la que se extendió a los empleados administrativos del club.

El año 1984 fue decepcionante. Boca empezó a sufrir amenazas de quiebra. La hinchada le dio la espalda y la Bombonera estuvo vacías durante varios encuentros. Ferro fue campeón del Nacional y Argentinos, del Metropolitano. En 1986 el campeón fue River.

En la primera fecha de 1989, en un partido contra Deportivo Armenio, un gol tonto, a lo Gatti, le costó el puesto a Boca (1 a 0).

Vino Aimar a dirigir. Disciplinado alumno de Griguol, el "Cai" no pudo transmitir a sus dirigidos la impronta del trabajo y del sacrificio. Cosechó más experiencias malas que de las otras.

River, como bola sin manija

En 1981 se vivía un clima tenso en River. La vieja ambición de obtener la Copa Libertadores se vio frustrada una vez más y eso ya suponía una enorme carga para el club. Perder contra Deportivo Cali en el propio Monumental (21 de abril) era una frustración muy grande, difícil de digerir para los partidarios.

Para colmo, el aperitivo fue sintomático: el 10 de abril de es mismo año se había producido una estrepitosa caída en la Bombonera. Se vio el estado de depresión del plantel cuando perdió 3 a 0. el Torneo Nacional se presentaba en la segunda mitad de año como algo posible de alcanzar y así reconquistar el nivel perdido.

El 29 de julio de ese año, en las oficinas comerciales de Aragón Cabrera, se firmó el acuerdo con Alfredo Di Stéfano. Labruna siguió en su función de técnico por todo el torneo Nacional y, con la presencia dela "saeta rubia" en el banco, Angelito fue ascendido a secretario técnico de la institución, según le comunicaron. Un destierro de lujo en la Siberia de Núñez. La función de Labruna sería: "Asesoramiento en todo lo que respecta al fútbol profesional, pero que quede en claro que el encargado de formar el equipo será Di Stéfano". Estaba clarísimo.

Di Stéfano expresaba de este modo sus propuestas: "Debemos motivar a la gente de nuevo, que pierde interés cuando las cosas salen mal. Queremos volver a tener un River campeón que conmocione a todos". Peo después de un éxito en el Nacional, llegó 1982. el t

0cnico buscó darle una línea coherente al equipo para llegar a la clasificación, pero la situación interna –la crisis entre jugadores y dirigentes– motivó un raro clima que no contribuyó a mejorar las cosas. Así terminó la era de Di Stéfano. "No se supo liquidar partidos", dijo al marcharse.

Llegó Vladislao Cap, quien había rescindido el contrato con Boca, el 13 de mayo de 1982. pero falleció poco después, el 10 de septiembre de ese año. Otra crisis en la que los resultados no se daban. Francescoli se incorporó al equipo después de una larga negociación con Wandereres de Montevideo. Tarantini se va a Francia por un arreglo económico no muy brillante. Fillol empieza con los recurrentes problemas para arreglar sueldos y primas. Practica pero no juega. Luego entró en conflicto con el club por negarse a usar una camiseta con una marca comercial. Decidió irse de la concentración cuando debían jugar con Nueva Chicago. "Si no arreglo, que me vendan" dijo. Se fue a Argentinos Juniors. Tenía un contrato con otra firma y el Club no era dueño de obligarlo a respetar el convenio global de la institución. Se sabe que los arqueros son seres diferentes. En el medio estaba Patrick Noher. Al conjuro de indecorosas acusaciones cruzadas entre oficialismo y oposición, Aragón admitió que habían pasado momentos difíciles.

La AFA le otorgó a River un préstamo para aliviar la situación. También intervino Futbolistas Argentinos Agremiados y el Ministerio de Trabajo. El gremio tenía una postura: "Los jugadores de River están libres". Recién hacia el mes de agosto se resolvió el conflicto con la transferencia de Fillol. El 11 de agosto se firmó el acta.

El 30 de diciembre tomó la dirección técnica Luis Cubilla. El 7 de enero de 1984 empezó en doble turno. Llegó Pumpido y retornaba Alonso después de su resonante pelea con el técnico Di Stéfano.

En el campeonato Nacional River perdió dos veces ante Ferro. La primera, por goleada en el Monumental: 3 a 0. la segunda en Caballito, con el partido suspendido a los veinticinco minutos del segundo tiempo. La hinchada millonaria incendió la tribuna y hubo escándalo.

El 1º de abril se puso en marcha el Metropolitano cuando el Nacional aún no había finalizado. La actuación irregular presagió la renuncia de Cubilla.

En el clásico del Monumental, tanto Boca como River mostraron lo peor de una etapa de decadencia.

El 7 de agosto renunció Cubilla, después de una goleada (5 a 1) de Unión. El 21 de septiembre asumió Veira. Con él se produjeron los mejores momentos de River, tanto a nivel local com en la Libertadores.

Alonso se fue de River; se acabó la alegría

Alonso deja el fútbol en 19897. había debutado en la época de Didí, 1971, el 8 de agosto, contra Atlanta. Labruna había sido el técnico de River hasta entonces. Su alejamiento produjo la conmoción, el vacío que dejan los grandes cuando deciden dar un paso al costado. Un año antes, para poder irse con las manos limpias, el Beto salió campeón junto a su River en la Copa América, que se le venía negando sistemáticamente. Con un sistema conservador, de furibundos contraataques a cargo de Alzamendi, River ganó partidos increíbles con el molde del Bambino Veira.

Después estuvieron Griguol y Menotti, el día y la noche para la mentalidad riverplatense. Griguol consiguió resultados con el viejo método de trabajar y disciplinar a un plantel, como lo demostró muchas veces; Menotti, displicente, abúlico, se dedicó a hipotecar sus laureles yendo y viniendo, asumiendo y renunciando, abstemio de títulos desde 1978.

La renuncia de Santilli a la presidencia obligó a un interinato de Osvaldo Di Carlo.

Este último decidió que la dirección técnica recayera en Reinaldo Merlo y alonso. La crisis institucional llevó a vender jugadores. Hubo política de austeridad. Sólo vinieron Medina Bello de Racing y Hernán Díaz, de Rosario Central. También aparecieron algunas figuras del semillero.

No fue malo el comienzo de agosto de 1989 pero había una contienda electoral muy aguda. Se empató con Newells y se perdió con Boca en la Bombonera. Hubo un conflicto de Carlos Enrique con Merlo y accedió al puesto Gordillo. La derrota de Di Carlo originó la renuncia dela dupla Merlo-Alonso en la dirección técnica. Ninguno de los dos demostraría ulteriormente buena pasta para orientar desde la línea de cal.

Capítulo 15
Un Maestro, un Pelado y un Virrey

Desde mediados de 1990 la AFA reorganizó los campeonatos oficiales de primera división. Infortunadamente el campeonato de mitad de año se llama "Apertura" y el primero del año "Clausura". Los puristas del idioma (y del sentido común) consideran absurdo abrir el año con el Clausura y cerrarlo con el Apertura. Y algo de razón tienen. Es una señal de desprolijidad. No costaba nada ponerle "Verano" e "Invierno", por ejemplo, induciendo una secuencia más lógica. De cualquier modo ahí estaban los campeonatos cortos con la promesa de que las alegrías no serían demasiado prolongadas ni los fracasos demasiado corrosivos.

La crisis financiera de River impedía hablar de grandes transferencias. El equipo de Pasarella obtuvo un buen triunfo ante Boca, que había llegado al Monumental puntero e invicto. Pero River perdió el campeonato en el último partido ante Vélez, con el famoso penal atajado por Fillol, que defendía los colores del club de Linier y ya próximo a su retiro. Salió campeón Newell's, que en Caballito y con Marcelo Bielsa ganó antes y esperaba rezando la fortuna que, por fin, le llegó en las manos del Pato.

Con la vuelta de Ramón Díaz al club, River gana de punta a punta el torneo Apertura 1991. ese mismo año se hizo cargo dela dirección de Boca el maestro Oscar Washington Tabárez.

En el Clausura Boca terminó primero con la guía del maestro uruguayo. Sin embargo, en aquel entonces sólo había un campeón, que saldría del partido entre los primeros de los dos torneos. Por la ejecución de penales con Newell's (primero en el Apertura) el título correspondió al equipo rosarino. Pero hay que tener en cuenta que a Boca le faltaron sus más eficaces delanteros (Bstistuta y Latorre). Ambos estaban al servicio de la Selección eln el Sudamericano de Chile. No es un dato menor. También ganó Newell's en 1992 y perdió por penales la copa Libertadores con San Pablo. Boca logró el campeonato Apertura, con River pisándole los talones.

En 1992 apareció Javier Castrilli, un árbitro atado a las exigencias delos reglamentos quien despertó las simpatías del público y gran parte de la prensa. También se hizo famoso por su exasperante incapacidad de reír. Expulsó a varios jugadores de River contra Newell's y comprometió un resultado favorable ante un rival en alza. El árbitro ganaría con el tiempo el mote de "Sheriff" por su intransigencia. En una época en la que toda la justicia del país sufrió amenazas de sistemáticas violaciones desde las esferas del poder, se recibía como un bálsamo fresco la imposición de una justicia igualitaria, honesta e inclaudicable en el fútbol. Su carrera en el referato fue breve y la abandonó por propia decisión en 1998. apresuró su conmovedor final al no prever ningún tipo de rendija. Y se enfrentó nada menos que a un mago de la línea de flotación como presidente de la AFA, Julio Grondona. Sabemos quién rió en último término.

Vélez se codea con los más grandes

Con recetas alejadas de las premuras, pero con resultados contundentes, Vélez Sarsfield ocupó el centro dela escena futbolística argentina. Logró 1993, 1995 y 1996 sendos campeonatos y ser coronó campeón de la Libertadores en la edición de 1994. sólo con esos galardones ya se había ganado un lugar destacado en la historia del fútbol de la última década del siglo. Pero además obtuvo la Copa Intercontinental al derrotar en Japón al encumbrado Milan.

Su conductor, Carlos Bianchi, hombre de la casa, se arregló con el plantel que tenía y gastó muy poco dinero en incorporaciones. Con ello demostró que no sólo se gana con los nombres más temibles sino con disciplina táctica y coraje.

River Plate también ganó lo que había en disputa contando otra vez con Enzo Francescoli y la estrella birlada a Boca: el chileno Marcelo Salas. En la dirección técnica estaba la contracara de Bianchi: el pelado Ramón Díaz, un conductor bisoño. No cualquier club se habría arreglado a tanto, pero River es leal con aquellos que provienen de sus propias entrañas. Jamás logró convencer a la mayoría de que lo de él era algo más que suerte.

Después de probar la inestable prosapia de Menotti, la loca obsesión de Bilardo y la alegre displicencia del Bambino Veira, todos con pergaminos para dirigir alos xeneizes, tuvo que llegar Carlos Bianchi con el inmediato antecedente del milagro velezano, para cerrar este fin de siglo con un campeonato que se le venía negando a Boca desde los días del maestro Tabárez. El Virrey de Liniers mejoró el discurso de los técnicos anteriores, neutralizó la ponzoña de cierta prensa amarilla y pendenciera, dio amplia libertad a sus dirigidos para formular declaraciones, siempre que fueran sensatas y serenas. Muchacho de barrio,. Con calle y geografías, ejemplo de lo que pueden hacer en tándem la viveza y la inteligencia, modificó el discurso de los que se ponen el casette antes que el calzoncillo para salir a la calle y sacó campeón a Boca después de varios años de verso y melopea. Ya sé: Bianchi tuvo a Palermo adentro de la cancha, y al mellizo Barros Schelotto y a Chicho Serna y a Basualdo y a Cagna... casi la misma plantilla que habían tenido sus predecesores.

River se ahogó en la embriaguez de sus triunfos de los años '90. Boca celebró dos campeonatos en los últimos quince años.

Muy poca cosa para un grande. Sin embargo no son ésas las circunstancias que cambiará el saldo de estas dos instituciones a lo largo del siglo. Boca-River, River-Boca reúnen la esencia del fútbol argentino y son, por su proyección en la sociedad, mucho más que un pleito centenario.

Segundas partes al fin fueron buenas

Una cosa que no suele ocurrir en el fútbol es que un técnico regrese y mantenga el mismo nivel de triunfos que lo consagrara antes. Lo de Bianchi es tan difícil de superar que le dio a Boca uno de los momentos más extraordinarios de triunfos, se fue a descansar, dejó la pesada herencia a otro laureado como Tabárez y luego a Brindisi, y nadie se pudo olvidar de él. El ciclo del virrey no tiene forma de compararse y dejó una marca que será tan imposible de mejorar como el record del francés Just Fontaine como goleador de los Mundiales de fútbol.

Segunda parte
Alrededor de los clásicos

Capítulo 1
Los cuadros chicos en la historia de los grandes

David, hijo de Isaías, era descendiente de la moabita Rut.

Una mañana los israelitas oyeron una fuerte voz que, desde las avanzadas enemigas, les advertía: "Elegid de entre vosotros un hombre que se atreva a batirse conmigo. Si él me vence los filisteos seremos vuestros esclavos. Pero si yo venciera a vuestro campeón todos vosotros quedaréis en nuestro poder."

Se trataba de un filisteo de gigantesca estatura, con una gran coraza y una lanza. Era Goliat, natural de Gath. Durante cuarenta días el desafío fue repetido y no obtuvo respuesta.

David lo escuchó un día y se enteró de que "el filisteo que ha gritado hace poco insulta dos veces por día a toda Israel. El rey prometió dar en matrimonio su hija a quien consiga matarlo."

Pero David, acostumbrado a pelear contra osos y leones para defender su rebaño, se animó.

Cuando Goliat lo vio le dijo "¿Soy acaso un perro para que vengas a mi encuentro con un palo?".

David agarró una piedra de su zurrón y, con la honda, le dio en la cabeza a Goliat, quien se desplomó. David, con la espada del vencido, le cortó la cabeza y los filisteos huyeron espantados. Fueron derrotados por los israelitas.

En fútbol, como en las mitologías de todos los pueblos, los más grandes dominan la situación y los más pequeños obedecen. En los desiguales enfrentamientos los gigantes no pierden casi nunca contra los pequeños. Pero pueden perder y el relato de David, airoso frente a Goliat, así lo certifica.

Los puntos de referencia

Existen en el fútbol dos clases de equipos: los chicos y los grandes. Este esquema se repite sistemáticamente en todas partes. A diferencia del Uruguay, donde sólo parece haber lugar para dos, tanto en la Argentina como en Brasil y, con mucha más razón en Europa, cada ciudad acuna a uno o dos clubes rivales. Eso se potencia con la puja entre ciudades. Tal es el caso de Madrid y Barcelona, donde los merengues y el Barsa exacerban un antagonismo que arrastra tras de sí otros desencuentros más profundos, si se quiere: idiomas, culturas, historias y viejas rencillas.

Los grandes no existirían sin los chicos, así como la figura estelar de un film no sería nadie sin un partenaire que le diera los pies. Dentro del mismo equipo un goleador no sería nada sin un fogonero que le cuidara las espaldas y destrabara el juego en su retaguardia.

Por una razón de contrastes el grande necesita del chico, para medir las tallas. Nadie habría soportado un siglo de fútbol sin los demás integrantes del elenco. Los grandes forman su sistema y los chicos construyen un sostén. Son *partenaires*, sin mayores ambiciones, porque las ambiciones son caras y sólo pueden ser parte del sueño de los que tienen más gente detrás.

Si sólo existieran los grandes la cosa sería bastante monótona. A nadie le gustaría que Boca y River jugaran una especie de *play-off* donde se dilucidara un campeonato al mejor de cinco partidos. Los torneos se arman con los equipos chicos que raramente podrían salir campeones pero que, por aquello de que adentro de la cancha son once contra once, siempre alientan la esperanza de una campaña estupenda.

Los grandes se complementan con una fila de príncipes que pelean el predominio del cetro pero notoriamente no están a la altura de aquellos: Independiente, Racing y San Lorenzo completan el quinteto de los grandes, ocasionalmente transformado en número par si se observa la transitoria gloria de Huracán por los años ´70, la otra cara de San Lorenzo en el barrio de Parque Patricios. Últimamente Vélez se ha colado por mérito propio en esta élite de ganadores.

La lógica indica que ganen los grandes. Pero los chicos están siempre al acecho. Los diarios alimentan esa expectativa: "El invicto de River corre riesgos ante Estudiantes"; "El entonado Quilmes examina a Boca".

Son las primeras figuras de un gran elenco. Toda acción cooperativa está condenada al fracaso. Porque en eso radica el éxito de un campeonato con final previsible: el momento en el que el chico da el zarpazo, el instante glorioso en que David vence a Goliat.

Suele ocurrir que los espectadores apoyen al débil de la contienda. Eso se ve mucho en los Mundiales donde nada hay más agradable que ver perder alos poderosos equipos europeos contra los Emiratos Árabes o Burkina Fasso, si es que existe el fútbol allí.

Durante más de cuarenta años no existieron las excepciones.

Desde 1934, cuando se crea oficialmente la Asociación del Fútbol Argentino tal como la conocemos hoy, se organiza una escala de privilegios. En 1937 se expresa taxativamente: los grandes disponen de tres votos; los chicos, de uno. "Sí, hubo cosas –dijo Francisco Varallo a Osvaldo Bayer–; sinceramente, un poquito de ayuda a los grandes siempre hubo. River, Boca, en aquellos tiempos, se los ayudaba un poquito más."

Racing gana, Evita dignifica

Banfield, un equipo modesto del sur bonaerense, peleó hasta el último suspiro en 1951 contra Racing. Por aquel entonces se echaron a correr las más disparatadas versiones acerca de las posibilidades de ganar de uno y otro equipo. Cuenta Pedro Uzquiza, en *Cien años de sueños*: "Se rumoreaba que el ministro de Hacienda, Ramón Cereijo, quien había usado las influencias para construir el estadio de Racing, buscaba por todos los medios que el club del que era hincha lograra por primera vez en la historia del fútbol argentino un tricampeonato. La versión más firme fue que apelaría alos recursos económicos que disponía el club de Avellaneda y los propios para conseguir el objetivo. Para decirlo claramente: sobornaría a los jugadores de Banfield."

Se llegó a decir que Evita estaba interesada en el tema y habría sido un buen incentivo para su lucha por los humildes el triunfo de un club de menores recursos frente a uno poderoso. El propio Valentín Suárez, a la sazón funcionario del Ministerio de Trabajo, confirmó a un grupo de asociados que, durante la semana, Evita lo había llamado para interiorizarse del tema. "La señora no sabía nada de fútbol –dijo Suárez–. Tenía un desconocimiento total y solamente iba a la cancha para ver partidos infantiles o internacionales de la Selección. Le dije que era un enfrentamiento entre Racing, un club que había ganado dos campeonatos consecutivos, y otro pequeño, que era la primera vez que llegaba a una instancia decisiva. Nunca más me dijo nada. Después me enteré de que Raúl Apold, secretario de Prensa y Difusión de la Presidencia, había estado en la concentración de los jugadores de Banfield. Pero de lo que estoy seguro es que no lo hizo por encargo de Eva Perón."

Bnfield se tuvo que contentar con un campeonato moral, que es como decir, con nada.

Hasta que Chacarita , con aquel excepcional equipo de los años ´70 rompió el molde –que luego siguieron Estudiantes, Quilmes, Ferro, Vélez y Newells– sólo los grandes estaban en condiciones de pelear por el título.

La impronta de lo conjetural

El fútbol tiene sus propios demiurgos que fabrican divinidades con el afán de entretener (y vender más ejemplares, que de eso se vive). Gran parte de esos discursos cotidianos revive la mitología de los seres colosales cuando se trata de fundamentar una victoria de Argentinos Juniors sobre Boca o un éxito de Lanús ante River.

El fútbol tiene magia por su carácter representativo y por el entrecruzamiento de otras reverberaciones, además del eterno duelo entre los grandes.

Cada partido previsible entre un grande y un chico lleva la impronta de lo conjetural, lo que no se esperaba pero se puede llegar a dar. El grande puede solazarse con el chico, alojarlo en su casa, como Procusto, el siniestro gigante salteador del Atica; puede medir su estatura para hacerlo coincidir con el largo de su cama, así tenga que mutilarlo o estirarlo. Puede ser un Gargantúa, que no humilla con más goles porque se le han quedado atracados entre los dientes. Puede también, alguna tarde errática, ser sorprendido como Sansón, con el pelo corto por la traición de Dalila, y perder el secreto de su fortaleza.

La estructura del fútbol realimenta la fantasía de que el mundo ha sido habitado por gigantes.

Si yo fuera director de una escuela de periodistas deportivos lo primero que haría sería renunciar. Pero, suponiendo que no me aceptaran la dimisión, propondría acometer el estudio de los personajes gigantescos en la estructura mitológica de todos los pueblos imaginables.

No hay literatura universal que los deje de lado. Una vasta alegoría geológica, desde los Titanes y los Cíclopes hasta el propio Hércules, define a estos seres colosales en denodada lucha con gigantes malvados. Sin olvidar al Quijote, tenaz luchador contra molinos de viento.

¿Cuál sería el objeto de ello? Daría sustancia y pábulo a las necesidades de generar expectativas donde nadie supone que las haya o encontrar explicación a una derrota millonaria o xeneize en manos de un equipo que sólo tiene una honda y un zurrón repleto de piedras y ocasional fortuna o puntería para vencerlos.

Cada tanto se reflota una intención tendiente a reflejar taxativamente esa brecha entre clubes de convocatoria y clubes menores. Los directivos de los cinco clubes grandes (River, Boca, Independiente, Racing y San Lorenzo), azuzados por los intereses de la televisión, dieron a entender que les gustaría conformar una liga diferente para pelear por un campeonato de partidos con más respaldo popular. Si el acuerdo no prosperó fue porque dichas instituciones están atosigadas por un fárrago de problemas internos y, en el caso específico de Racing, hasta se puso en riesgo su propia existencia.

Se es grande cuando se tiene la posibilidad de comparar. Hay equipos grandes porque los hay pequeños también.

Y se es grande porque es enorme el respaldo de los hinchas. A su vez éstos mantienen una implacable fidelidad a la institución a través del cúmulo de victorias y campeonatos. La hinchada está dispuesta a esperar largas temporadas de secano, como lo demuestran los dieciocho años en que River no conquistó un solo campeonato (1957-1975) y la inanición del mismo Racing que no lograba una alegría desde los lejanos días del "equipo de José" en 1967 y tuvo la efímera alegría del paso a paso de "Mostaza" Merlo. Pero la regla general es la obligación de salir campeón.

Por otra parte los equipos chicos suelen ser cantera de los clubes grandes. Si los campeones son los que tienen mejor plantel, el sistema de compra-venta de los jugadores condena a las instituciones chicas a constituirse en meros proveedores de *cracks* para su lucimiento en los equipos grandes. Son raros los casos de jugadores triunfantes en Boca o en River que hayan procedido de sus respectivas divisiones inferiores. Sin embargo son incontables los ejemplos de fulgurantes estrellas crecidas al influjo de un sabio técnico de inferiores de club al que no asedian con la necesidad de generar nobles productos en el menor tiempo posible.

Pero si se analiza la transacción de jugadores a nivel internacional podría llegarse a la conclusión de que existen, en términos futbolísticos, países "grandes" y países "chicos". River y Boca compran jugadores a equipos menores. A su vez los venden a Europa donde son adquiridos en cifras millonarias. Si ya la idea de comprar y vender personas es algo escalofriante, mucha más lo es el tácito reconocimiento de que la procedencia califica al jugador. Es más caro un centrodelantero italiano que uno argentino, aun cuando sus respectivas virtudes deportivas fueran similares. Y se cotiza más un goleador argentino que otro de origen africano.

Si el mundo de fútbol se maneja por la confluencia de multitud de intereses se entenderá por qué la oferta y la demanda determinan la diferencia. Hay estratificación en todos los órdenes de la vida. El fútbol no es una excepción. No se trata de una resignación ante el aforismo bíblico de que "siempre habrá pobres". Una de las características más apasionantes del fútbol es que casi siempre ganan los grandes. Hasta que un David valiente y engreído los derriba de un piedrazo e ingresa en los acontecimientos más memorables de un pueblo.

Capítulo 2
Los árbitros, esos deportistas solitarios

Era un partido entre uruguayos y argentinos. El legendario Juan Brown tenía el balón dominado y Dacal (hombre de Nacional) le gritó: "¡Dejála, Juan!".

Brown dejó pasar la pelota y Dacal, con un regalo así, inició un peligroso ataque. Juan Brown, ardiendo de indignación, le gritó: "¡Chancho, chancho!".

En el espíritu deportivo no cabía ni en la imaginación pensar que alguien fuera capaz de semejante tropelía. El fútbol uruguayo no es grande por sus infundios pero este no deja de ser un buen ejemplo que ratifica la necesaria presencia de árbitros como máxima autoridad de un match entre dos rivales. La actitud de Dacal se castiga hoy con tarjeta amarilla y, si cuadra, la roja también.

Los árbitros no nacieron con el fútbol sino que, como consecuencia de su evolución, las ligas se vieron en la necesidad de procurarlos. Hay una clara estratificación en las etapas del arbitraje. Se va de la confianza más diáfana entre los contendientes al recelo más paranoico.

Hoy se discuten estilos de árbitros y se los asedia con el control de las cámaras de televisión. Ya hace tiempo que el eje de la discusión no atraviesa por su importancia como rectores máximos del reglamento. Pero no siempre fue así.

Thomas Arnold (1795-1842) propugnó en sus colegios de Inglaterra el amor por el deporte. La originalidad de los escolares británicos consistió tal vez en recopilar las reglas de sus juegos y en imponerlos a todos, logrando una obediencia voluntaria a leyes conocidas y aceptadas de antemano. También introdujeron el concepto de "fair play", la lealtad entre miembros del mismo equipo y también entre adversarios.

La regla que brilló en los primeros encuentros entre equipos ingleses fue la de jugar con lealtad y un profundo respeto por el adversario. Alberto Echeverría, ex presidente del Lomas Athletic Club de Argentina, relató un ejemplo conmovedor: "En la primera década del siglo XX el Club –que había sido campeón varias veces– vio declinar su poderío. Se jugaba un partido por la permanencia en la primera división. Faltando poco tiempo para finalizar el match un jugador del Lomas salvó la caída de su arco al golpear la pelota en su mano. El árbitro no lo advirtió y otorgó corner para el adversario. Sin embargo, el defensor del Lomas se acercó y reconoció ante el referee que había cometido penal. Y a confesión de parte... el árbitro modificó su decisión, cobró penal y Lomas descendió."

Una credibilidad en permanente evolución

Se pueden distinguir varias etapas en la concepción del arbitraje futbolístico:

1- Los propios directivos de los clubes se alternaban en la dirección de los partidos. El honor de los mismos era toda una garantía de equidad.

2- Al ponerse en duda ese honor, a partir de algunos directivos que voluntaria o involuntariamente no merecían semejante cheque en blanco, se toma la decisión de nominar a personas idóneas e imparciales para ejercer el magisterio dentro del terreno de juego.

3- Tras varios decenios de éxitos y fracasos la confianza en los árbitros decae estrepitosamente y se importan árbitros de otras nacionalidades para los partidos más importantes.

4- Dichos árbitros han hecho escuela y, a partir de una lista renovada, se vuelve a confiar en los árbitros locales, más profesionales que antaño.

5- La televisión se incorpora como un cuestionador objetivo y supuestamente imparcial. En los hechos no es tan así. Una escena dudosa se repite hasta el cansancio y algunos periodistas, después de la quinta o sexta proyección de una vertiginosa jugada, están en condiciones de afirmar que el árbitro se equivocó. El telebeam y los chiches de la electrónica sólo sirven para agregar un granito de arena a la confusión general.

El primer código de juego se estableció en 1863. Pero es en 1881 cuando se reconoce oficialmente la figura del árbitro. Todas las experiencias que se mencionan como antecedente del fútbol actual (si exceptuamos el *calcio* florentino) no contemplaron la figura de la autoridad máxima dentro del límite del terreno. El *choule*, el *haspartum*, el *hurling* son juegos que tienen como sustento el placer, sin limitaciones temporales ni espaciales, sin reglas que aprueben o castiguen las acciones. Esto ratifica la idea de que eran juegos de nobles y no de gente común.

Un símbolo de lucha contra la muerte

"Sobre el simbolismo del juego –dice Ernesto Popelka– el diccionario de símbolos de Jean Chevallier y Alain Gheerbrant, nos dice lo siguiente: *El juego es fundamentalmente un símbolo de lucha contra la muerte, contra los elementos, las fuerzas hostiles, en fin, contra uno mismo.* Es decir, contra el propio miedo, la propia debilidad, las propias dudas. Creo que quien ha estado en competencias deportivas, en partidos tanto amistosos como hasta de alta competencia, puede confirmar este simbolismo que hay detrás de una pelota picando en una cancha."

Popelka cita a Athayde Ribeiro Da Silva, que escribió *Psicología del deporte y preparación del deportista:* "En el fútbol, hoy, el juez es una estrella; están los grandes, los medianos, los pequeños; algunos tienen fama y honorarios, como los grandes atletas y los grandes técnicos. (...) El juez es un distribuidor de justicia. Los sacerdotes, los médicos y los jueces, decía Heráclito, deben tener innumerables dotes y atributos excepcionales, entre los cuales predomina uno: la infalibilidad.

(...) Si en toda actividad deportiva se presuponen los principios de la ética, del fair play, en la arena de la competencia nadie puede contribuir más que el árbitro a mantener esos mandamientos; allí está él como garantía del respeto, salvaguardia de la salud, símbolo del derecho, ejerciendo, de cuando en cuando, actos de justicia."

El que tiene silbato, se equivoca

Los árbitros, cuando se defienden de los posibles errores, suelen decir que en el transcurso de un partido hacen sonar el silbato un centenar de veces. Sin embargo el periodismo y los aficionados cargan las tintas por dos o tres oportunidades en las que cometieron errores. El hecho de que éstos sean inevitables ¿pone en crisis la fe y la esperanza en la institución del arbitraje? Los errores del juez son parte del arbitraje y hasta de la contienda.

El árbitro sufre la presión de varios factores concomitantes: jugadores, técnicos, dirigentes, periodistas y aficionados. Es el que está en el centro de la acción pero no como protagonista sino por encima de la competencia. Tiene asignada una misión sagrada: respetar las consignas del reglamento. Es en la interpretación del mismo donde se perfilan los distintos niveles de arbitraje y las profundas diferencias de estilo.

Los dos chivos emisarios tradicionales del deporte son el entrenador y el juez; de ahí la necesidad de requisitos excepcionales en sus personalidades. Pero es inevitable la diferenciación.

Algunos son recios e inflexibles los primeros treinta minutos de juego; otros se ponen exquisitos cuando restan quince minutos de juego y están los que, con el resultado puesto, arbitran con el silbato automático.

En 1932 fue muy comentado el caso del árbitro De Angelis. Anuló un gol legítimo de Estudiantes, en su casa, contra River. Fue perseguido por parte del público y huyó hacia los vestuarios. Un dirigente plantense lo amenazó con un arma de fuego. Por medio de semejante disuasión y convalidó la conquista pincharrata.

Alerta ante la trampa

Los grandes enemigos del árbitro son los que juegan al filo del reglamento, los que salpican de trampas, chicanas y actitudes antirreglamentarias su participación en el juego. Y debe entrar preparado para sufrir esas presiones. El peso psicológico que pueda mostrar de antemano a los contendientes será la llave que le permita realizar una buena jornada.

"Participar en una competencia donde hay dos rivales –advierte Popelka–, lleva a este deportista que es un árbitro a una situación de neutralidad que naturalmente debe ejercerla en base a la personalidad que pueda haber cultivado. El color negro de su vestimenta, aunque hay excepciones donde se modifica el atuendo, simboliza, como en la sotana de los sacerdotes o en la toga de los jurados, ese estar 'muerto' a los colores de los rivales o términos en disputa, presentándose como el punto de referencia neutral, objetivo y justo, que permita regular la competencia.

El árbitro, dice Popelka, es un deportista solitario.

Jugaban River San Lorenzo. El árbitro Macías anuló un gol de River por presunto off/side. La hinchada se enardeció y entraron los bomberos con las mangueras a apaciguarlos. Cuando

Macías intentó reanudar el encuentro una manguera obstruía el paso y la levantó. Crítica le sacó una foto y la tituló "El bombero José Bartolomé Macías dio un gol en off-side". Así quedó el término asociado a los árbitros. Es una interpretación de Angel Coerezza, uno de los más destacados árbitros de la década del '60. La foto existió y está publicada en El Gráfico. Pero yo sospecho que el término tiene que ver más con eso de tirar al bombo. Y el que tira al bombo es un bombero. La revista Alumni publica en 1933 un chiste donde hace referencia a un "referee bombero" que sería anterior a la foto mencionada.

Los árbitros extranjeros

Escribe Osvaldo Bayer: "Para moralizar el fútbol se contrató a ocho árbitros ingleses. Parece ser que estamos predispuestos a que los ingleses sean nuestros eternos árbitros. Y no decepcionaron. Comenzaron a cobrar penales a los clubes grandes, sin que por eso recibieran palizas o proyectiles. ¡Oh, sorpresa! Eran respetados no sólo por el público sino también por los dirigentes. ¡Que ya era decir!) ¿Por qué respeto a los ingleses y no a los jueces locales? Vaya uno a saber, tal vez algo de mentalidad colonial había quedado en algún rinconcito del inconsciente. Los referee ingleses impusieron además una novedad: los números en las camisetas, para identificar mejor a los infractores".

Y sigue Bayer: "Pese a la calidad de Independiente que ganó sin objeciones, las voces contra los cinco grandes aumentaron. La AFA tuvo que cuidar más las apariencias y contrató a un referee inglés, corroborando una vez más nuestra eterna relación odio-amor con los de Albión. Se llamaba Isaac Caswell y fue un maestro de la justicia deportiva. De pronto, con él, también los clubes chicos tenían derecho a que se les cobraran penales a su favor".

Caswell fue contratado con el propósito de difundir entre nosotros la modalidad inglesa de la interpretación de las leyes que rigen el deporte. Vino con Mr. Cumming, quien colaboró con él como lineman e hizo las veces de intérprete. De la lista de árbitros que intervinieron, se destacaron también Gibbs, Gregory, Cox, Hartless, Brown y Dean. Se considera a Hartless el más regular, el que mejor se ubicó en la consideración de los hinchas.

Capítulo 3
La indumentaria

Una de las cosas primarias de la representación futbolística –para fijar la más extraordinaria analogía con los campos de batalla– es la indumentaria deportiva. Desde los más rudos comienzos los contrincantes se vistieron de un modo diferente. Esto, que parece obvio, no lo es tanto. Al principio no había público que necesitara distinguir la divisa de sus amores. La identificación se redujo a la camisa ya que el pantalón podía –y, de hecho, se dio así– ser de diferente color.

El objetivo del uniforme es el de distinguir a todas las personas pertenecientes a una misma organización. También se la conoce con el nombre de divisa a la vestimenta especial usada por gente que cumplía alguna función dependiente del estado.

El uniforme distingue el rango de quien lo usa y se ajusta a derechos y obligaciones por parte de quien lo viste.

Los uniformes militares cumplen la función de distinguir al ciudadano del soldado. Implica muchas cosas, pero fundamentalmente respeto.

El uniforme del soldado distingue a los combatientes entre sí y quienes lo usan tienen el derecho al reconocimiento de la calidad de beligerantes, con todas las consecuencias jurídicas que supone la legislación internacional. El uso indebido del uniforme militar conlleva la sanción de duros castigos para quienes hayan infringido tales normas.

Los soldados de la antigua Roma se distinguían por el uso de armas diferentes según el cuerpo al que pertenecían. Los oficiales de rango superior llevaban un yelmo con cimera y un penacho de crin de caballo. El arco de Septimio Severo muestra a los simples soldados con un pequeño casco con cimera y corselete.

Los normandos usaban una cota de tela ordinaria, recubierta con chapas metálicas. Pero hasta fines de la Edad Media las armaduras diferenciaron a los soldados.

Fue recién en la época de Enrique II donde apareció una chalina que identificaba a toda su milicia.

En el reinado de Luis XIII se usó una casaca de corte uniforme, bandoleras de cuero cruzadas en el pecho para sostener la espada y las pistolas, sombrero de ala ancha con larga pluma, calzones estrechos, hasta las rodillas. Es la descripción de los mosqueteros, famosa a partir de la pluma de Alejandro Dumas.

En 1717 Luis XV dio a conocer una ordenanza que imponía a los oficiales el uso de la divisa aun en tiempos de paz, para ser reconocidos y respetados por el pueblo como exponentes del poder real. Napoleón modificó los uniformes de modo que resultaran más cómodos para sus hombres. Los partidarios de la Revolución Francesa, por utilizar pantalones largos, fueron conocidos como los *sans culotte.*

Las casacas rayadas o en damero de los primitivos equipos ingleses del Río de la Plata no hacen más que reproducir el criterio de los uniformes militares: colores contrastantes fácilmente identificables.

Cambio de camisetas en el mismo club

Los colores de las casacas fueron generalmente elegidos en forma arbitraria. Cumplían el objetivo de distinguir a un equipo de otro y orientar a los espectadores que iban en vertiginoso aumento.

La ropa ceñida no es adecuada para la práctica de los deportes. La palabra gimnasia, de origen griego, viene de *gimnos*, que significa *desnudo*. Los primeros juegos de que se tenga memoria se practicaban por los atletas despojados de indumentaria.

La arbitrariedad de los colores es tal que muy pocos clubes han nacido con los mismos que hoy ostentan. Boca debió esperar el albur de un paso del barco sueco para adoptar el azul y oro. Mientras tanto River pasó del negro y blanco a rayas verticales al rojo y blanco, con vivos negros y sólo después a la blusa blanca con la diagonal roja. Es como la elección del color de las banderas para la representación simbólica de un país en busca de su identidad. Se supone que al general Belgrano eligió los colores de la familia borbona para diseñar la bandera de la Confederación Argentina.

Una vez resuelto el color los nuevos equipos debían confeccionar sus camisetas. Es curioso observar, por ejemplo, la proliferación de equipos a rayas (uno de los uniformes más antiguos probablemente sea el de la Guardia Suiza papal).

Las primeras camisetas eran cosidas por diferentes personas. Si la decisión era elegir blanco y negro a rayas verticales, varias mujeres (esposas, amigas, hermanas) se entregaban a la tarea del corte y la confección. En las viejas fotos se observa en forma sistemática un error en la ubicación de los bastones: aparecen sobre la línea del esternón, bastón negro en algunos y bastón blanco en otros.

El uniforme es una necesidad, no para los jugadores sino para el espectador.

Un club que llegó a tener camiseta aurinegra fue el Racing de Avellaneda. Y, para repulsión de sus propios hinchas, la segunda casaca fue roja. Como la actual de su archi-rival Independiente! Racing había nacido de la unión de Barracas al Sud (amarillo y negro) y Colorados Unidos (rojo). La urgencia de partidos y la falta de tiempo para confeccionar las nuevas casacas obligó al club a jugar con una de las dos preexistentes y, afortunadamente para la memoria académica, se eligió la de Barracas. Un poco tiempo después, desde 1904 hasta 1910, el celeste y rosa, en cuadros yuxtapuestos, fueron los colores del club.

Pantalones cortos

La indumentaria deportiva evolucionó al compás de la moda de calle. Lo notable de la actividad futbolística es el invento del short o pantalón corto. En ninguna circunstancia el hombre dejó ver sus pantorrillas. La ropa interior tampoco presentaba modelos por encima de la rodilla.

La camisa sirvió como modelo sobre la cual se aplicaba algún detalle de envivado en el cuello, puños y bolsillo.

Manuel F. Bionda, recopilador de hilarantes historias del fútbol de la ciudad de La Plata, relata el día en que Guillermo Mongan capitaneaba al equipo local. "Ya el cuadro de la casa estaba listo para salir al field cuando a uno de los jugadores se le ocurrió curiosear la concurrencia que bordeaba el campo de juego, observando con cierta alegría que entre un grupo de niñas estaba su novia. Verla y entrar a la casilla gritando 'yo no juego con pantalones cortos ¿qué dirá mi novia?' fue todo uno, al tiempo que otros jugadores, contagiados, también resolvían no salir con pantalones arriba de la rodilla. En vano fue el trabajo de Mongan para persuadirlos de que el uniforme reglamentario exigía pantalones cortos." Ese partido se jugó pero con pantalones largos.

El Gráfico del 28 de junio de 1924 habla sobre el origen del Club Atlético Porteño, fundado en 1895. cuenta que en el año de su fundación "apenas iniciados sus partidos los componentes del team fueron acusados de ofender la moral. El caso es que los jugadores aparecieron en un terreno baldío de la Chacarita, que fue usado a manera de field, luciendo los clásicos pantaloncitos cortos, las piernas al aire... y la policía se sonrojó, conduciéndoles presos a la comisaría, nada menos que por inmorales. Por fortuna fueron puestos en libertad y se reconoció que no había ofensa en jugar de esa manera".

Cuenta Osvaldo Bayer que "los criollos miraban asombrados el juego de esos ingleses locos, sin la menor intención de mezclarse. En el elegante Buenos Aires Cricket Club, el 20 de junio de 1867, se jugó el primer partido de fútbol. Su inspirador, Thomas Hogg, publicó un aviso en el diario inglés local en el que invitaba a jugar al fútbol y fundar el Buenos Aires Football Club. El día del partido, varios asistentes no se animaron a los pantalones cortos, por las damas presentes. Y sólo jugaron ocho contra ocho".

Por amor a la camiseta

Las primeras camisetas eran cosidas por diferentes personas. Si la decisión era elegir blanco y negro a rayas verticales, varias mujeres (esposas, amigas, hermanas) se entregaban a la tarea del corte y la confección. En las viejas fotos se observa en forma sistemática un error en la ubicación de los bastones: aparecen sobre la línea del esternón, bastón negro en algunos y bastón blanco en otros (Véase la revista River de 1926, por ejemplo).

Alguien observó la falla y resolvió hacer las camisetas rayadas con el frente formado por tres líneas claras y dos oscuras. La espalda acompaña el tres y dos invertido y la unión a los costados se completa con franjas oscuras.

Los equipos que preferían la camisa, en lugar de la camiseta, daban a entender una condición superior. La camisa era una prenda exterior; en cambio la camiseta no es más que ropa interior.

River jugaba el buen fútbol criollo con camiseta blanca. Poco tiempo después de la fundación un grupo de integrantes del club salió en una comparsa. Lo hicieron en un carro de la carbonera de Wilson, al que llamaron "Los habitantes del infierno". Con jirones de tela roja hicieron bandas que colocaron en diagonal, abrochadas con alfileres de gancho sobre las camisetas blancas, la mayoría de las cuales eran las que efectivamente usaban como ropa interior. Enrique Salvarezza cruzó una banda roja en 1905 en la propia cancha de Dársena Sur.

Después se empezó a usar la blanca y roja con listones negros. En 1932, ya en la etapa del profesionalismo, se volvió a oficializar la camiseta blanca con la franja roja en diagonal.

La llegada de los sponsors

El primer sponsor que tuvo Boca –ya casi nadie lo recuerda– fue Vinos Maravilla en 1984. La empresa pagó 40 mil dólares por todo el año. El ex vicepresidente de Boca, Carlos Séller, dice que nadie se animaba a poner una marca sobre una camiseta porque se suponía que los fanáticos de otros equipos no se engancharían con el producto y, es más, lo rechazarían. Y va más lejos aún, porque entiende a los viejos rivales como un sistema sólido de opuestos.

"En la época en que éramos dirigentes entendíamos que las dos instituciones, River y Boca, tenían los mismos intereses frente a los patrocinadores. Por eso hicimos un arreglo con Neumáticos Fate donde el trato fue conjunto. Obtuvimos 100 mil dólares cada club. Con Sevel el contrato sufrió otra modificación: Fiat para Boca y Peugeot para River, cada uno con 300 mil dólares anuales. A partir de allí independizamos la sponsorización."

El crecimiento ha sido geométrico. Hoy cada club recauda dos millones de dólares por tal concepto. "El Boca que nosotros tomamos tenía dificultades para la provisión de indumentaria. Era el uso contra la ropa. Hoy son millones los que se reciben, más la provisión de ropa."

En 1985 cada club cobraba unos 10 mil dólares por partido en concepto de derechos de televisión. Sin embargo River, con Multimedios América, arregló para 1998 un contrato de varios millones de dólares. Esto potenció todos los valores. Antes la camiseta la veían sólo quienes iban a la cancha. Había que desarrollar los nuevos niveles de comercialización.

El marketing había ingresado en la estructura de los clubes grandes.

"Al sentimiento que uno pone hay que agregar profesionalismo –afirmó César Traversone, hombre ligado a la directiva de River Plate–. Hablar de un gerente de marketing en un club era irrisorio antes. Se llegaba por antigüedad. Hay que luchar contra los medios y los monopolios. En licitaciones no existe la competencia. Fíjese el caso de la cerveza Quilmes (tres millones de dólares al año) donde nos v imos obligados a aceptar. No había competencia. Con Multimedios América se firmó por 22 millones y medio por dos años. Fue una jugada arriesgada de Eurnekian. Pero dejó una brecha en el medio... Si uno tiene contrato con Adidas –agrega Traversone– las demás buscan ropa alternativa y el del contrato original se queja. No le echemos tanto la culpa a los jugadores. Los clubes deberían prohibir los contratos alternativos."

Hubo un tiempo en que los jugdores salían a la cancha "por amor a la camiseta". Ahora parecen hombres-sandwich: los gloriosos colores disponen de no menos gloriosos auspicios.

Capítulo 4
La política en River

Los dirigentes empezaron siendo meros administradores sin poder de decisión. En aquel fútbol primitivo la figura del capitán tenía mayor peso y responsabilidad. Por eso son más líricos los directivos fundadores. Tenían que resolver problemas ríspidos sin la esperanza de ser reconocidos más que por sus pares. No había estructuras de poder detrás de sus figuras ni prensa que revalidara sus proezas y sus respectivas aspiraciones a servir a la Nación desde otros escaños.

El primer directivo con perfil moderno fue Antonio Vespucio Liberti en River. Inició su carrera siendo muy joven, tanto que cuando lo eligieron para integrar la comisión directiva no pudo asumir por ser menor de edad. Electo presidente en 1932, ocupó nuevamente el cargo en los períodos que van desde 1935 hasta 1939. Ya en el inicio de su gestión se lograron los primeros contratos con jugadores de primera línea por cuyas transferencias se pagaron cifras "millonarias". Tal vez de allí se deriva el mote que caracteriza el equipo de Núñez. Durante una de las gestiones (el 1º de diciembre de 1935) presentó a los asociados los planos ya aprobados del Monumental.

Junto a Liberti –siempre vinculado a la dirección de River Plate– comenzó a adquirir protagonismo otro hombre probo de la institución: Enrique Pardo. Fue vocal titular en 1939 y en 1941 protesorero. En 1943 fue designado tesorero; en 1945 y en 1949 desempeñó la vicepresidencia. Otra vez vocal en 1950, en 1952 ejerció la representación del club en el Consejo Ejecutivo de la AFA. Ocupó la presidencia de River desde 1953 hasta 1959, lapso en que se construyó el primer tramo de la cuarta tribuna del nuevo estadio y el primer equipo de fútbol obtuvo los títulos de 1953, 1956 y 1957.

La última actuación de Pardo en la comisión directiva fue en el período 1962-1964, como vocal titular. Falleció el 31 de agosto de 1980. Poco antes había desaparecido otro dirigente, Rodolfo Regirozzi, quien actuó entre 1951 y 1975, una época con muchos sinsabores y algunas alegrías.

Pardo y Liberti son los hombres que hicieron grande al equipo de Núñez. Liberti retomó la titularidad hasta que, en junio de 1967, renunció. Se dice en el libro River, Campeón de Campeones, que esa renuncia se produjo "como culminación de presiones espirituales por la defectuosa actuación del equipo de primera división. Pese a los esfuerzos realizados para hacerlo cambiar de idea, el 15 de junio se aceptó su dimisión". Lo sustituyó el vicepresidente Llauró y, más adelante, Tulio H. Botto ocupó su lugar.

La era de Aragón

En 1968 aparece como tema de discusión el tema de los ingresos de los jugadores, lo que generaría diversos conflictos, muchos de ellos no resueltos a lo largo de los años. La dirigencia de River se iba a tener que acostumbrar a las discusiones y los desplantes. "Frenamos la voracidad de los jugadores quienes pretenden llevarse más de lo que producen", dijo Plinio Garibaldi (El Gráfico, 3 de setiembre de 1968). Este directivo, con gran influencia en la comisión de la época, pintaba un panorama en el que las dificultades económicas explicaban en parte la carencia de títulos: "No puede haber comunicación de dirigente a jugador si no la hay de jugador a dirigente... y cada vez que intento comunicarme recibo pedidos de premios especiales". El futbolista profesional comenzaba a tomar conciencia de los recursos que se movían a su alrededor. "A los jugadores de hoy les falta calle y les sobra espíritu financiero. Antes y después de los partidos su preocupación es por un vencimiento de la pizzería, del criadero de pollos o del negocio de automotores, o por conocer cómo van los intereses de la financiera. Juegan al fútbol pero viven para los negocios." ¿Y estaba mal éso?

El 21 de marzo de 1973 las discrepancias llevaron a que el plantel profesional abandonara la concentración junto con el director técnico Juan E. Urriolabeitía. La comisión directiva había dejado sin efecto un acuerdo previo. En su lugar dispuso que se adicionara el sueldo sólo el 15 por ciento fijado por el estatuto del futbolista. Eso significaba menos de la mitad de los ingresos previstos y motivó la renuncia del miembro del Departamento de Fútbol, doctor Alfredo Davicce. También reclamaban los jugadores el sueldo anual complementario. La comisión directiva presidida por el escribano Kent intimó a los jugadores a que se presentaran al día siguiente. A fin de marzo aceptaron la renuncia presntada por el técnico. Y se inició la purga habitual con la que los directivos suelen clausurar una etapa de tensas negociaciones. Se rescindió el contrato a Daniel Onega y se aplicaron multas a Alonso y Morete. La situación estaba muy tirante. Debían jugar en Rosario por la rueda final del campeonato Nacional, pero los profesionales decidieron no viajar. Se envió en un micro a los jugadores amateurs. Finalmente jugaron los titulares, pero River perdió 3 a 1.

Renunciaron los máximos directivos: Julián W. Kent y los vicepresidentes Aragón Cabrera y Delmastro. El único directivo que presentó la renuncia por escrito fue Luciano González, lo que también expresa las diferencias en el grado delos compromisos asumidos.

El 2 de enero de 1974 se aceptó la renuncia de Kent. Lo sustituyó Aragón Cabrera. Las luchas intestinas llevaron a pensar que la dimisión de Kent había sido una bravuconada que le salió mal.

El 13 de diciembre de 1975 triunfó el Frente Unico de Reafirmación Riverplatense, que encabezaban Aragón Cabrera y Plinio Garibaldi. Segundo fue el doctor Jorge Delfino y tercero, el escribano Kent, con la cuarta parte de los votos del ganador.

Con las mieles del primer triunfo en dieciocho años –que Aragón podía ostentar como propio por haber arriesgado millonarias contataciones– fue confirmado en ekl cargo el 17 de diciembre de 1977 con 1829 votos, contra el Círculo de Integración Riverplatense que obtuvo 808 y Movimiento de Acción Riverplatense, 592.

Santilli y River: la sábana irrompible

Comenzaron los cuestionamientos a Labruna, un técnico de la casa, un hombre que se había desempeñado como jugador de River nada menos que durante veinticinco años. El mismo técnico de las grandes alegrías, el ex jugador de las más grandes glorias, era mirado con recelo. Hugo Santilli, desde la oposición, expresó que "éste representa el fracaso de la actual conducción. Personalmente creo que Angelito cumplió un buen ciclo en River, ya hace tiempo, pero considero inoportuno incendiarlo. Es la hora de la reestructuración, en todo sentido".

No hace falta explicar ese eufemismo. Reestructurar es precisamente modificar las estructuras: las del poder político y las del poder deportivo. El 5 de junio de 1981 hubo un triste empate en el Monumental con Boca. Se sentía la necesidad de una renovación de valores, de cambio de mentalidad en la conducción. Se pedía reestructuración hasta ne la realización de las prácticas. Porque las escobas nuevas siempre barren bien y todo lo que encuentran.

Doctor en ciencias económicas, Santilli presidía varias compañías y, de a ratitos, regenteaba una empresa de construcciones. Ingresó a la comisión de River en 1974. su más valioso antecedente no lo habilitaba para acceder a los lugare3s decisorios de la mesa directiva pero le daba chapa de hombre influyente: había sido empleado del Ministerio de Bienestar Social en los días en que imperaba el superministro López Rega. "Acá enfrente –declaró una vez–, sobre el Tiro Federal, había hace unos cuantos años una propaganda enorme. Era una sábana tirada por una cantidad de perros, cada uno de un sector distinto. La cruzaba el término 'irrompible'. Siempre pensé que la habían puesto especialmente para River. Acá hay mucha gente de adentro y de afuera que tira y tira para romperlo, para destruirlo. Y la mayor responsabilidad de quien se sienta en este sillón es empujar a esos perros dentro de una sábana, hacer de ella una bolsa y enseguida hacer un nudo, para que no puedan salir."

Si de las imágenes que uno dibuja se pueden extraer conclusiones desapasionadas, éstas valen más que mil palabras. La Argentina estaba saliendo de un lustra en el que lo habitual era meter en la bolsa a mucha gente "para que no puedan salir" y este ex empleado de López Rega no tuvo otro ejemplo más lúcido que poner... En fin, él levantó la vista y encontró una gigantografía con una sábana y varios perros tironeando. De haberse colcoado una propaganda de los automóviles coreanos Pony, bien podría Hugo Santilli haber mejorado su ejemplo con el slogan "ágil y aguantador". Pero no sería lógico enrostrar al presidente riverplatense responsabilidad en las pautas publicitarias de la avenida Lugones.

Rompió con el mito de que la Copa Libertadores era deficitaria y esto es algo que los partidarios siempre le reconocerán. En 1986 River la ganó por primera vez y obtuvo un superávit de 600 mil dólares.

Santilli dice que cuando él asumió el club debía mucho dinero. "Los que pusimos capital fuimos Mario Israel, Jorge

Kosac y yo. Impusimos política de shock para sanear la economía." No hay actividad económica que atraiga más la atención de gente con algún ahorro que la de dirigir un club grande de fútbol. ¿Quién querría agarrar la manija de un club con un déficit de cuatro millones de dólares? La respuesta es convincente: alguien que, cuando abandonó el cargo, dejó al club con un pasivo de ocho millones. Y si de pautas publicitarias se trata, Santilli era como Adiro, la aspirina de Bayer: "Efecto prolongado, máxima tolerancia". Fue reconfirmado por los socios como autoridad máxima del club. "La gente me reconoce como buen dirigente. Por algo me reeligieron con cuatro votos por cada uno de la oposición."

Era un empresario que entendía la dicotomía River-Boca y la expresaba con elocuencia: "Yo quiero un Boca grande. Que me haga fuerza deportivamente, que yo le gane siempre, pero que ayude a generar el espectáculo. Yo necesito grande a Boca para poder ganarle. River y Boca sirven a la sociedad".

En 1989 las elecciones del 9 de diciembre determinaron sorpresivamente que el presidente fuera Alfredo Davicce, cuando se descontaba el triunfo de Di Carlo, una especie de delfín de Santilli. El nuevo presidente recibió el club con una huelga de empleados administrativos. Merlo y Alonso, enganchados al frustrado desempeño político de Di Carlo, renunciaron al puesto de técnicos.

El lugar fue para Daniel Pasarella. Con este muy reciente ex jugador, el 13 de mayo se consagraron campeones. Al presidente de un club como River le corresponde un alto porcentaje del triunfo porque jugó su apuesta por un técnico sin experiencia, pero "de la casa".

Alfredo Davicce fue un dirigente de bajo perfil, que se ocupó de formar un buen plantel y gobernar con la evidencia delos resultados deportivos. Lo sucedió, en una transición sin traumas, David Pintado, quien había sido su vicepresidente.

José María Aguilar, el que llegó en medio del incendio

Nació el 25 de septiembre de 1962 en el barrio porteño de Villa Urquiza.

Su infancia aún guarda con la misma pasión y añoranza el rojo y el blanco de las columnas del Monumental, donde vivió gran parte de su niñez.

En el estadio de Núñez se crió. Ese enamoramiento nunca perdió el hechizo y sigue tan intacto como el amor a primera vista que lo cautivó.

En 1985 se recibió de abogado en la Universidad de Buenos Aires y cuatro años más tarde ingresó en la la dirigencia de River como vocal suplente.

Desde 1993 a 1996 se desempeño como Vocal Titular y director del Instituto River Plate. Su lema fue desde entonces: "Priorizar los intereses del club por sobre los intereses personales".

Fue secretario de la institución durante cinco años. En ese lapso se opuso tenazmente a una iniciativa de gerenciamiento que amenazaba entregar a bajo precio el patrimonio de los socios del club.

Asumió como presidente de River a fines del 2001, en reemplazo de David Pintado, cuando el país estallaba en llamas y la huida de un presidente constitucional provocaba una represión implacable, con más de dos docenas de víctimas. Era un marco ingrato para prometer que River sería "la bandera futbolística de los argentinos" y que la nueva comisión reconstruiría a la institución.

"River es el fútbol, nuestro fútbol, y va a ser la bandera futbolística de los argentinos. Nosotros somos los que vamos a reconstruir el nuevo River, sin banderías, sin historias, con posiciones, debate y difusión". afirmó Aguilar.

La nueva comisión se propuso no vender rápidamente a las figuras que surgen de las divisiones juveniles, especialmente a

Andrés D' Alessandro. Sin embargo no pudo resisteir la tentación de ingresar a las arcas de la institución plata fresca y revalorizada, a través de un desprendimiento desgarrador para el patrimonio futbolístico. Se fue el Burrito Ortega, Saviola, Cavenaghi, Cambiaos y –más cerca en el tiempo– Maxi López. La política parecía orientarse al saneamiento de la deuda. Pero no fue tan así. Los niveles de endeudamiento del club se mantuvieron en los mismos parámetros, aun cuando el ingreso de divisas era incesante.

Hay un aire nuevo en su gestión, un compromiso social más acentuado donde se aprecia el respaldo a consignas sociales inéditas (baste recordar la edificante y sostenida presencia de Juan Carr con sus nobles banderas solidarias). Pero lo que Aguilar aún no ha logrado plasmar es la ecuación entre una economía saneada y la continuidad en logros deportivos. El, mejor que nadie, sabe que la gestión de un presidente se mide por ambas varas.

Capítulo 5
Nunca fue fácil gobernar en Boca

Cuando llega el fútbol profesional el presidente de Boca era Ruperto Molfino, quien ocupó el cargo desde 1931 hasta 1937. al comenzar su gestión el club debía 800 mil pesos a la empresa Ferrocarril del Sud por la adquisición del terreno que hoy ocupa el estadio. Cuando abandonó el cargo dejó un superávit de 215 mil pesos. Además, se había duplicado la cantidad de socios. Lo acompañaba Vicente Andreu, a quien sustituyó en la secretaría Armando Digueso.

En 1933 boca era el equipo más popular de la Argentina. Al año siguiente hubo tres ruedas en el campeonato y Boca le ganó los tres partidos a River: 2 a 0, 4 a 1 y 1 a 0. Mientras tanto, Molfino seguía achicando la deuda con Ferrocarril del Sud.

Juan Brichetto, aquel ex presidente que había descubierto los colores del club en un barco sueco, fue nombrado socio vitalicio en 1937. Murió el 23 de mayo de 1940, dos días antes de que se inaugurara la Bombonera.

Molfino comunicó que no presentaría su candidatura para las elecciones del año siguiente. Fue subrogado por el doctor Camilo Cichero, quien equilibró las finanzas, atosigadas por las grandes inversiones. En esa época comenzaron a incorporarse otras disciplinas deportivas.

Eduardo Sánchez Terrero tomó la posta. En aquellos días a un presidente se lo juzgaba por su equilibrio en los gastos y por el esfuerzo de mantener y tal vez aumentar la masa societaria.

Durante su gestión se conservó la cantidad de socios pero los resultados deportivos fueron esquivos.

Juan Rodríguez Soberón asumió la presidencia en 1946. Daniel Gil, su sucesor, mostró malos resultados en lo deportivo y un déficit descomunal. Gastó mucho en jugadores a quieenes les pesó la camiseta y eso tuvo como consecuencia la debacle en la que cayó en 1949, cuando debió esperar hasta el último partido para respirar en primera división. En 1952 se revirtió la situación en lo económico, pero no así en lo deportivo. En 1953 campeó otra vez la incertidumbre.

Genio y figura de Alberto J. Armando

Armando fue presidente de Boca entre 1953 y 1955 y entre 1960 y 1980. Hombre de negocios sumamente activo, Armando logró transformarse en el más importante empresario de concesionarias automotoras en los años '40 y '50. Participó en la comercialización de automotores, maquinaria agrícola, construcción. Era un hombre influyente en todos los niveles y transformó el cargo de presidente institucional en una plataforma que le permitiera trascender y ganar fama.

Oriundo de la provincia de Santa Fe, se mudó a Buenos Aires en 1943. En 1952, durante el gobierno peronista, viajó con altos funcionarios de la Policía Federal a Detroit, Estados Unidos, en calidad de intermediario para la compra de setecientos automóviles para la repartición. La operación le permitió incrementar su cuenta bancaria en unos cuatro millones de pesos de esa época.

Armando heredó en el club un déficit de 3.200.000 pesos. Al terminar el priemr año de su gestión Boca tenía un superávit equivalente, el cual se debió, en parte, a la venta del Parque Romano, un terreno en Palermo donde se había previsto exigir un complejo deportivo anexo. Además, aumentó en 14 mil el número de socios, llevándolo a 44 mil. Las recaudaciones iban en ascenso y la rifa de automóviles incrementaba el interés por asociarse.

Boca cumplió cincuenta años el 30 de abril de 1955. Había muerto el que fuera varias veces presidente de la institución, Eduardo Sánchez Terrero, hombre muy respetado dentro y fuera del club.

Estaba para salir campeón pero perdió los tres partidos que le quedaban con Tigre, River y Gimnasia y Esgrima de La Plata. Tal vez la razón fue que el goleador Borello estaba lesionado. En 1956 lo suplantó Emilio Leveratto, producto quizás dela decepción de la masa societaria por el rendimiento del equipo al final del campeonato anterior.

Angelillo, la gran adquisición de aquellos días, tuvo un encontronazo con los directivos. Declaró cuando se fue al Inter por una suma millonaria que, de haber seguido Armando en la presidencia, él se habría quedado en Boca.

Armando volvió ala presidencia en 1960 para conducir un reinado absoluto de veinte años en la institución.

Arrancó con la idea de contratar jugadores extranjeros. Así llegó Paulo Valentim. En la última fecha de 1962 Estudiantes presentó frente a los xeneizes un equipo de suplentes. Se celebraban al día siguiente las elecciones de Boca y la atención se centraba en la futura conducción del club. Se endureció la campaña entre Armando y sus contrincantes. Las promesas están a la orden del día: unos hablan de hoteles cinco estrellas; otros, de *nurseries* para los niños pobres del barrio. Ganó Armando y la comisión quedó integrada por gente de una y otra lista. Nada de lo prometido se cumplió. Eso sí, Boca fue campeón.

Armando sufrió por lo menos dos atentados contra su vida: uno en 1965 en una de sus concesionarias y otro en 1973 en la cancha de Boca, cuando le dispararon doce tiros.

Prometió inaugurar la Ciudad Deportiva con un estadio espectacular el 25 de Mayo de 1975. Se levantaría sobre los espacios ganados al río en la Costanera Sur. Lanzó a la venta bonos patrimoniales. Para ello organizó una rifa que fue cálidamente apoyada por la hinchada del club. No pudo cumplir con la promesa y sólo quedó el terreno que avanza sobre el río.

En las elecciones de 1980 Armando no se presentó como candidato. Ya era un hombre muy cuestionado. Los socios creyeron en sus promesas para luego descubrir que no se cumplían. Faltaba un estadio sobre la Costanera, y eso era muy difícil de eludir. Lo sucedió el empresario de la alimentación Martín Benito Noel. En 1986 pretendió volver pero fue derrotado por Antonio Alegre.

No descorchar el champagne antes de tiempo

En agosto de 1967, ante un juez correccional, Armando declara con arrogancia: "Yo tengo derecho a cometer delitos". El 20 de diciembre de ese mismo año Teófilo Amado, tal vez no enterado de las declaraciones del presidente xeneize, tenía su Título Patrimonial de Boca que coincidía con el número del sorteo de Navidad y que lo premiaba con 30 mil dólares. Pero grande fue su sorpresa cuando el club negó tal premio. Puso abogados, recursos civiles y querellas por defraudación, estafa y violación de la ley de juegos de azar. Sin embargo la jueza en lo civil le rechazó la demanda por entender que "en la enumeración de los beneficios dela rifa no se mencionaba el derecho a premios, sino a la participación en obras de la Ciudad Deportiva del club Boca Juniors".

Cuando Armando fue llamado a declarar dijo que "esa tercera serie de bonos se vendió sin ser autorizada, pero tenía autorización verbal del ministro del Interior (Guillermo Borda)". La Cámara de Apelaciones terminó de hundir al beneficiario: "el demandante no puede pretender cobrar el premio de una rifa que se vendió sin derecho a premio". Un bochorno.

Era la época de los proyectos faraónicos. Independiente anunció la construcción de Aqua Solarium: "La pileta cubierta más grande del mundo con salas de rayos ultravioletas". Los avisos hablaban de "Mar del Plata en Avellaneda" pero sólo para los agraciados que pusieran 12 mil dólares en cómodas cuotas. Se supo después que Mar del Plata quedaba tan lejos de Avellaneda como antes de la oferta.

Más cerca de los palcos que de la popular

En las elecciones nacionales de 1973 Armando es candidato a gobernador de la provincia de Buenos Aires por la Alianza Republicana Federal, con Ezequiel Martínez, "el presidente joven", según el slogan de la época. No llegó al 3 por ciento de los votos.

Armando se tiró contra el gremio de los jugadores. "En 1978 –contó Perico Pérez, ex arquero de River y de Unión– Boca estaba interesado en contratarme. Hablé con el técnico, en ese entonces Juan Carlos Lorenzo, y ya casi estaba la contratación hecha pero surgió el problema de que Armando había dicho que yo iba a entrar a Boca con la condición de que dejara de pertenecer a Futbolistas Argentinos Agremiados. Entonces le expresé que si él, Lorenzo, era un técnico que quería jugadores con personalidad, con temperamento, entonces, si yo aceptaba las condiciones que me imponía el señor Armando estaba demostrando todo lo contrario."

En octubre de 1981 lo poco que había de la Ciudad Deportiva de la Boca se vio amenazado con ser llevado a remate. Intervino entonces al brigadier Cacciatore, al frente de la Municipalidad, para frenar la hecatombe. Armando seguía mostrando buena cintura y relaciones peligrosas.

Antonio Alegre: gobernar con consenso

Presidente dela institución después de la gestión de Martín A. Noel, Antonio Alegre recibió en su estancia de la provincia de Buenos Aires a Raúl Alfonsí cuando era presidente. No es un dato menor.

En 1986, entre los gritos de varias agrupaciones, expresó: "Mi idea era no presentarme porque siempre pretendí ser prenda de unidad, nunca tuve ambiciones políticas, llegué al club cuando me fueron a buscar. Y ésos, los que me fueron a buscar, ahora me difaman. De ninguna manera aceptaría competencia política alguna." Lo dijo cuando se aprestaba a pelear en elecciones con un Armando casi octogenario.

Comentó La Razón el 25 de noviembre de 1986: "Lo de los gritos y los insultos se ha magnificado a partir de aquel trágico día de abril en que muriera el pibe Adrián Scaserra en la cancha de Independiente y Antonio Alegre tomara partido contra la barra brava de su club. Hubo luego un intento de acercamiento en la casa del directivo Basilio Berardi, pero las posiciones estaban muy encontradas y Antonio Alegre no gozó más del favor de los que a la hora de cambiar ideas gritan, a la hora de dirimir diferencias conceptuales alardean de violentos".

En la época de alegre actuó, generalmente en un segundo plano, Carlos Heller, jerarca de un banco cooperativo. Siempre pareció esperar agazapado una oportunidad para ocupar, como denunció Víctor Hugo Morales, algún sillón más apoltronado en la esquina de Viamonte y Uruguay, sede de la AFA. Si éste fue su objetivo, no se le dio. Su camino fue obstruido por el triunfo del empresario automotriz Mauricio Macri.

Fue la época más extraordinaria en el terreno deportivo, con la batuta de Carlos Bianchi en sus dos períodos como técnico. También en esta etapa se produjo la remodelación de La Bombonera, que lo tuvo al empresario como poco convincente martillero. Hizo lo que pudo con ese estadio encorsetado, mal ubicado y obsoleto.

El proyecto de Macri iba mucho más allá del gobierno de Boca. Por todos lados se veía que utilizaba a la institución como escalón para metas políticas más ambiciosas. En la lucha por la jefatura de la Ciudad de Buenos Aires se quedó sin combustible. Su perfil de derecha y su escaso carisma le han negado responsabilidades de privilegio. La plata no es todo.

Capítulo 6
Los periodistas especializados

El oficio de crítico periodístico –cualquiera sea su disciplina– es un ejercicio destinado a cosechar más espinas que halagos. Como heraldo de la verdad el crítico debe juzgar los hechos con la mayor objetividad y tiene la obligación de dar a conocer un veredicto firme, aun a costa de su propia integridad física y moral.

La profesión de crítico de deportes puede llegar a ser tan arriesgada como la de crítico de cine, artes plásticas, teatro o música. Ante acontecimientos cuya observación es acompañada por un público de masas, este indómito personaje de la prensa sabe que la coherencia y el equilibrio son factores raras veces compatibles con el gusto de la mayoría o la filosofía empresaria del medio donde trabaja.

En lo que hace al fútbol, la tarea de escribir la crónica de un partido puede llegar a transformarse en una labor sumamente compleja, habida cuenta de la necesidad que enfrenta el sujeto de marras de defender las banderas de su objetividad y honestidad.

Guillermo de Torre –cuyo estudio sobre la crítica literarias es del todo aplicable a la crítica deportiva– piensa que "todo deriva del falso concepto que suele tenerse de la crítica" o de su reducción a un solo aspecto: "Entender por crítica el mero juicio, reseña o comentario delas obras y no advertir que la crítica en su más alta función esencialmente el análisis de los conceptos rectores, de las ideas directrices que sellan un período". La crítica, según este autor, tiene una razón de ser, y no la de constituir "una mera rapsodia".

La crítica deportiva ha atravesado por diferentes etapas y también en esto se prolonga su paralelismo con la crítica literaria. En una carta a George Sand, en 1869, Gustave Flaubert refiere esta observación: "En tiempos de La Harpe se era pragmático; en los días de Saint-Beuve y Taine dominaban los historiadores. ¿Cuándo la crítica será artística, nada más que artística?".

Cuando el fútbol era primitivo, la concepción de la estética abordada por los críticos dela primera hora no podía ser demasiado reflexiva. En 1912 el fútbol rioplatense ya había evolucionado considerablemente. Sin embargo la crítica seguía fiel a una visión de conjunto.

"Merecido y laborioso, porque sus hombres se multiplicaron para evitar una derrota que, si bien es cierto no era probable al anunciarse el match, perdió ese carácter al presentarse a jugar con el team sensiblemente debilitado por la ausencia de su mejor delantero y de uno de los mejores hombres de la defensa". Así publicaba La Argentina (29 de julio de 1912) una crónica del partido disputado entre San Isidro y River Plate que continuaba en los siguientes términos: "Por otra parte, conocida es ya la fama de River, que en su *field* se hace doblemente temible. Sin embargo los santos, a pesar del dominio que sobre ellos tuvieron los riverplatenses en el primer *halftime*, reaccionaron en el segundo y, desarrollando una táctica diferente, pero de resultados más positivos, lograron imponer condiciones obteniendo una victoria un tanto inesperada, si se quiere, pero no por eso menos honrosa". Era una visión de conjunto, no de hombres. Apenas se nombraba a las figuras; los delanteros actuaban bien o regular; las defensas eran sólidas o cometían errores. Todavía no se había consolidado el virtuosismo y las tácticas de pases cortos estaban en su etapa embrionaria.

Las diferentes estructuras de la crónica

Dice Verdú (en el fútbol: mitos, ritos y símbolos) que "ningún organismo federativo se ocupa de dar a publicidad lo sucedido en estas batallas parciales. Su proclamación, glosa y valoración son cumplidas semanalmente por los media y, ante todo, por la prensa con el detalle y la formalidad jurídica de la escritura".

Distingue en primer lugar los elementos objetivos del drama (formación de los equipos, árbitro y otros detalles técnicos); luego, el arranque de la nota propiamente dicha, que puede ser de varios tipos, a saber: un arranque de sentimiento; un comentario cómplice; una anécdota, una sentencia.

En el siguiente ejemplo, Diego Lucero, un periodista de Clarín de dilatada trayectoria y riquísimas experiencias personales y profesionales, despliega su picardía y su *charme*. Así arranca su comentario, un día después del Clásico del 9 de setiembre de 1956 en el que Rattín debutó con la camiseta número 5 xeneize: *"In cuela benísima giornata dei xeneizi chi festeggiano la Vergine de Loreto, sua Padrona, il Boca* no podía fallarle al barrio, a la Nación y al mundo. Y ayer puso el número colocándole al River una tapa de ésas que entran justas y elevando a la altura, allí donde soplan las brisas de la gloria setembrina, brote verde nuevo de primavera con anuncio de la primera golondrina y el último estertor del invierno, se dieron cita en la Ribera en la forma de un solcito lindo por arriba y un barrito pesado por abajo".

¡Un maestro, don Diego! Y un estilo que todavía recoge adeptos. ¡Si habrá bebido en esa fuente uno de los más promisorios comentaristas de la actualidad, Juan Pablo Varsky!

Alma de periodista, corazón de poeta

Aristóteles, en su Política, capítulo IX, dice: "La diferencia entre el historiador y el poeta no consiste en que uno escribe en prosa y el otro en verso. Consiste en que el primero habla de lo que ha sucedido y el otro de lo que hubiera podido suceder. Por ello la poesía es más filosófica y elevada que la historia; pues la poesía habla más bien de generalidades y la historia, de detalles particulares".

El historiador establece una ordenación rigurosa de los hechos, procurando no perder nunca la objetividad. El crítico tiende a la jerarquización estética de los fenómenos, haciéndolos con una mayor libertad interpretativa.

Hay una lírica en la crónica deportiva cuyo exponente más arquetípico sería –abriendo el paraguas por ingratas omisiones, si las hubiere– Osvaldo Ardizzonne. Este emblemático periodista de El Gráfico escribió el 3 de setiembre de 19689 la siguiente presentación para un reportaje: "Centenera y Tabaré. Esquina de ahora. Pompeya de ahora. Esquina de antes. Como aquel carrero del pañuelo al cuello y el silbo tanguero... Ahora el asfalto, que va más ligero, con pibes modernos que visten vaqueros, que apenas si saben del verso de Homero, ni de aquella historia del puente, y del Riachuelo... Aquí vive el pibe Suñé. Aquí nació hace veinte años".

Era un copete virtualmente escrito en versos de arte mayor, lo haya hecho deliberadamente o no. Es que Ardizzonne era un poeta.

Etiemble (*Questions de poétique comparée*) defiende "una crítica que ponga en juego todos los recursos del espíritu y de los sentidos; informada, pero sin pedantería; dogmática pero literaria; apasionada, pero reflexiva".

Otro estilo que paladea la paráfrasis es el que distingue a Juan M. Fazzini, quien últimamente3 ganó presencia radial con su trabajosa disfonía. Esto lo escribió en La Razón (3 de noviembre de 1986): "Boca es un complejo caso médico-clínico. Está enfermo de equilibrio, puede llegar al colapso por el ritmo que mete a cada partido, pero sigue viviendo por su increíble corazón".

Hay también una postura crítica de observador objetivo que analiza las pasiones sin el desborde de la tribuna pero con el garbo de un profesional de raza. Es el caso de Eduardo Verona (El Gráfico, Nº 4126, noviembre de 1998): "Hay un Boca Juniors, modelo 1998, que tiene memoria. Es memoria futbolera. La que recoge el imaginario colectivo y la proyecta a la actualidad con sabiduría popular. Es un Boca ataviado con un perfil de austeridad reconocida. Casi clásico en su forma de interpretar el juego. Nada de manteca al techo ni luces de neón. Sobriedad, mucha sobriedad. ¿Cautela? Sí, por supuesto. ¿Aventura? También. Y un aditamento esencial para enriquecer el producto: poder de demolición, fuego en el área rival, instinto asesino para confirmar la búsqueda de una nueva estrella a partir de su gatillo fácil."

Es otro camino. Tal vez osado, porque buscar analogías como las que rematan la frase, en una Argentina sumida en la inseguridad, merece3, por lo menos, una tarjeta amarilla.

Un ejemplo de crítica atado a los valores de una época

En La Prensa (lunes 9 de agosto de 1937) se publicó el siguiente comentario, que deseo reproducir porque ilustra un concepto de análisis crítico muy afín a los periodistas de una época de transición.

Boca Jrs. logró derrotar en buena forma a River Plate

Posiblemente si la lluvia no hubiera hecho desagradable la estada de los aficionados, éstos podrían hghaber comprobado cómodamente sin perder detalle y, por consiguiente, valorándola más, la excelente actuación cumplida ayer por Boca Juniors, equipo que, a pesar de la completa superioridad demostrada sobre su tradicional adversario tuvo, por una de las tantas contradicciones del fútbol, comprometido su éxito o, mejor dicho, expuesto a malograr su categórica superioridad hasta que el árbitro indicó la terminación de la brega.

Porque la lucha de ayer deparó tres sorpresas. En primer término la facilidad con que los vencedores impusieron su juego al equipo de la Recoleta que, por largos lapsos de tiempo, dio la impresión de ser de calidad netamente inferior a la de su oponente; en segundo término, la imposibilidad de los integrantes de River Plate de armonizar el conjunto pues, a pesar de sus propósitos en contrario, las líneas de River Plate accionaron en forma desordenada y sin cohesión, lo cual no es común en el cuadro perdedor; y, por último, el hecho de que River Plate, en la segunda mitad de la etapa complementaria estuviera a punto de conseguir el empate, ya que el marcador señalaba la diferencia de un solo tanto cuando en puridad de verdad, Boca Juniors debió adjudicarse el triunfo por una diferencia amplia, que reflejara la bondad dela labor cumplida.

El factor lluvia, de importancia relativa

Que el estado resbaladizo de la cancha influyó en las características de la lucha no puede negarse, pero que ello puede ser considerado como circunstancia determinante del buen desempeño de un cuadro y del deficiente del oponente, es un argumento discutible.

River Plate en sus buenas campañas de los últimos años, ha revelado ser un equipo que se amolda y desempeña un cometido en buena forma por cierto, en cualquier terreno. Precisamente esa ductilidad es la que caracteriza a los equipos poderosos y avezados y, por consiguiente, sería encarar el análisis del partido bajo un punto de vista fácil haciendo hincapié en las condiciones del terreno.

River Plate fue superado en forma concluyente porque enfrentó a un equipo cuyos jugadores evidenciaron más recursos personales y desarrolló una labor colectiva de tan distinto valor a la del perdedor que en algunos momentos pudo considerarse que estaban compitiendo cuadros de distinta categoría.

El vencedor superó, pues, a River Plate en todos los aspectos del juego. Si bien el rendimiento de ambas líneas delanteras fue apreciablemente distinto, ya que la de River Plate estuvo lejos de evidenciar una aceptable homogeneidad, en tanto que la de Boca Juniors atacó con desenvoltura mediante acertadas combinaciones y acusando una velocidad y precisión que contrastaba con la del equipo adversario..., en donde la diferencia resaltó con características netas e incontrovertibles fue en las líneas medias y, particularizando, en la en verdad extraordinaria eficacia del eje de la de Boca Juniors, Lazzatti. Fue este jugador el eje en que se reguló el rendimiento del conjunto pues no sólo anuló en forma concluyente a los mediocres centrales de River Plate sino también apoyó en forma tan certera y continua a sus delanteros que muchas veces éstos se hallaban en pleno y bien colocados frente a los dos zagueros de River Plate, cuando recibían los certeros pases de aquél.

Fue pues un escollo muy difícil para el inarmónico, quinteto ofensivo de River Plate una línea media en la que Suárez y Vermeres fueron dignos compañeros de Lazzatti y la influencia del terreno en lo que se relaciona con el rendimiento de los ágiles de Boca Juniors fue tan marcada que, en verdad, podría decirse que la base del triunfo de Boca Juniors radicó en el juego desarrollado por sus tres medios zagueros.

Véase que el comentarista nombra al primer jugador (Lazzatti) cuando ya está rematando la nota. Es decir que él ve a los equipos como una masa compacta que juega bien o mal en su conjunto. Hay una notoria ausencia de sinónimos. Cuando nombra a los equipos lo hace sin más trámite. Los periodistas más cercanos a nosotros aprecian el empleo de interminables sinónimos, lo que no está mal en sí mismo pero...

El periodismo deportivo actual ha evolucionado al influjo de otros sectores de la crítica. Ha aprendido a manejar la paleta cromática e incorporar el lenguaje cotidiano. Los conocimientos tácticos no sé si han mejorado. Pero sí es evidente que los nombres de los jugadores son hoy más importantes en el peso del comentario.

Capítulo 7
Del vuelo de las palomas a la ubicuidad del transistor

Desde los tiempos más remotos, que en fútbol no van más allá del centenario, el espectador de este deporte sintió la necesidad de mantenerse informado acerca de lo que iba ocurriendo en otros escenarios de juego. Conocer los resultados parciales de los demás encuentros de la fecha válidos para el mismo campeonato indujo a los amantes del fútbol a querer vivir las variaciones de la tabla de posiciones de un modo simultáneo, al instante. Los grandes tableros que había en las canchas, sobre los que se exhibían los resultados de los demás partidos, concentraban la atención de los espectadores casi con la misma intensidad que el propio campo donde se desarrollaba el juego.

La evolución de los modos de información fue produciendo diferentes sistemas cada vez más sofisticados. Un momento decisivo lo constituyó el pasaje de la tracción animal para el viaje de los resultados a la recepción radiofónica simultánea, a partir de la evolución del transistor. Este adminículo cumplía con creces la función delas viejas válvulas ya que, al no necesitar largos segundos de precalentamiento para empezar a funci8onar, permitían la audición inmediata al encender el receptor. Además, redujo considerablemente el tamaño de los aparatos. Había llegado la hora de la radio portátil y la marca alemana Spika fue elevada a la categoría de codiciado objeto en cualquier cancha. Hoy debería figurar entre los principales tesoros de cualquier museo del fútbol.

Entre uno y otro sistema de transmisión se encuentran los esfuerzos de la revista *Alumni*.

Mensajeras de la emoción del gol

En 1918 River amplió sus instalaciones en la cancha que tenía en el barrio de la Boca y le agregó un palomar para las comunicaciones entre cancha y cancha. Ya se había incorporado la estructura telefónica en Buenos Aires pero el invento tenía todavía costos prohibitivos para los clubes o las iniciativas privadas, por lo que se preferían las palomas, que eran más económicas.

En esos tiempos las sociedades colombófilas formaban parte de una estructura controlada por las fuerzas armadas, más específicamente por el arma de Comunicaciones del Ejército. Esto, que suena un tanto extraño, tiene su lógica ya que en caso de conflicto bélico cualquier información transmitida a través de estas misteriosas aves podía volcar la suerte de un ejército en cualquier contienda.

Las palomas mensajeras poseen un sentido de la orientación que les permite regresar a su palomar desde distancias superiores a los mil kilómetros. Cualquiera de esas aves puede recorrer quince kilómetros en unos ocho o diez minutos, si no tiene viento en contra. Las palomas mensajeras pueden vivir hasta veinte años. Participan en competencias donde cubren normalmente unos novecientos kilómetros. Vuelan, con luz solar, hasta dieciséis horas por día.

Para acostumbrarse a su palomar el ave tiene que nacer ahí o aquerenciarse desde muy pequeña. Recién después de unos meses se la puede llevar a cierta distancia para que regrese sola a su casillero. Un palomar de cuatro metros de ancho puede albergar unas ochenta palomas. El dueño del palomar las ayuda a entrar con una cañita.

Hay distintas teorías en torno a la orientación de las palomas. Hay quienes dicen que el palomar emite ondas; otros afirman que las aves se orientan por los campos magnéticos. Otra teoría afirma que la paloma, desde que sale del palomar, graba en su memoria todos los movimientos. Si se la mueve 5 grados al norte, lo registra; y así sucesivamente. Toda esa información es decodificada de atrás hacia delante en el momento en que es soltada lejos de su hogar. Es una teoría.

El día del partido se enviaban colaboradores a cada una de las canchas donde se jugaban los partidos. Cada uno de ellos llevaba unas cuatro palomas provistas con cápsulas tipo mochila para transportar la información. A intervalos fijados previamente, o ante una variación en el marcador, se soltaba una paloma con los datos. Cuando la mensajera llegaba a la cancha de origen, entraba en su casillero dentro del palomar, se le retiraba la información y ésta era reproducida en el tablero indicador.

La paloma estaba entrenada para llegar al palomar del estadio. Pero el domingo, con el griterío de la multitud, podía ocurrir que el ave se retrajera y atrasara su arribo, observando la situación desde techos vecinos. Si se acercaba a la cancha en el momento en que la gente gritaba un gol, seguramente se asustaba y tardaba mucho más en llegar.

El tablero indicador de la cancha que River tenía en la zona portuaria dela Boca estaba alimentado por la información de las mensajeras. No fue el único, pero sí el más conocido.

La revista "Alumni", un primitivo decodificador

"A partir de 1932 –evoca Osvaldo Bayer– los hinchas podían seguir los resultados de las otras canchas mediante un sistema de carteles indicadores. Los goles se iban marcando mediante una clave, para saber la cual había que adquirir la revista

Alumni. Así, mediante este simple medio de comunicación, se agregaba un motivo excitante más para el hi8ncha que podía estar, de alguna manera, en todas las canchas."

Se vendía en los alrededores de los principales escenarios mediante el voceo de muchos vendedores que eludían el monopólico sistema de venta de las paradas de los diarios, algo similar a lo que ocurría con las revistas de turf que sólo se conseguían en los accesos a los hipódromos.

La *Alumni* anticipaba la información de la jornada, con la formación de los equipos de las distintas divisiones y los jueces participantes. Recuérdese que la gran mayoría de los espectadores no recibía el bombardeo de conexiones desde los clubes o las concentraciones. Casi siempre se enteraba de la formación de su equipo al escuchar la voz del estadio, con la aspereza de una amplificación casi siempre deficitaria.

La revista había desarrollado un sistema de contacto telefónico entre las diferentes canchas y encadenaba la información en los respectivos tableros claramente expuestos en las cabeceras. Los nombres de los equipos tenían una clave alfabética que cambiaba cada domingo, lo que obligaba a adquirir la revista todas las semanas. "La chapa verde significa partido terminado; la chapa colorada significa partido suspendido" aclaraba la revista.

Al cumplir un año de existencia la *Alumni* publicó en sus páginas lo siguiente: "Vinimos con nuestra concepción propia, traíamos al ambiente footballístico una innovación, procurábamos introducir un nuevo sistema informativo y nos lanzamos en ese mar de aventura que para nosotros se concretaba en la masa humana que cada domingo se forma alrededor de las canchas de football. Nuestros indicadores se levantaron en los ángulos más visibles de las canchas, y junto a ellos fue arremolinándose el interés creciente de la afición".

El tablero de la *Alumni* está asociado al paisaje dominguero de miles de degustadores del fútbol, como el humo del choripán o los amenazantes caballos de la policía montada.. "Nadie en el mundo periodístico puede ostentar un título tan honroso como el nuestro. Por encima de todos los méritos, reivindicamos para nosotros el de haber aportado una mejora de trascendental importancia cuya influencia en la masa de espectadores se puede calcular por las manifestaciones ruidosas con que suelen aclamarse algunos resultados ofrecidos por los indicadores."

La radio a transistores, popularizada en los años '60, destrozó este otro rito de las canchas e hizo desaparecer el jeroglífico alfanumérico del tablero indicador. La revista *Alumni*, sin embargo, se permitió el lujo de publicar un aviso a doble página central promoviendo las radios Tonomac, de 6 y 7 transistores, que ofrecía la Casa Better, de Cerrito al 300. Lenin decía que si el capitalismo fuera condenado a morir ahorcado su última acción sería tratar de vender la soga a su verdugo. Una revista no podía perder el auspicio de un empeñoso y consecuente anunciante. Aunque con ello sellara su propia sentencia de muerte.

Capítulo 8
Los que cambiaron de camiseta

La historia del fútbol registra los casos de algunos elegidos que jugaron en los dos equipos y tuvieron actividad descollante en uno y otro ejército de la más grande batalla figurada.

Un caso realmente insólito –por ser excepcional– lo constituye Ricardo Zatelli, campeón con River en 1932. luego pasó a Boca y logró el título con su nuevo equipo en 1934 y 1935. por la punta derecha, donde alternaba con Lucco y Tenorio, Zatelli alimentaba la producción temible de Varallo, Benítez Cáceres y Cherro. Pero en Alvear y Tagle había trajinado la punta con la blusa blanca atravesada por la diagonal, con aparceros del nivel de Lago, Malazo y Luna. Peucelle ocuparía su flanco. Era hombre del barrio y seguramente ésa fue la razón por la cual le costó menos cambiar de camiseta que de geografías.

Otro caso aislado, que demostraba el carácter excepcional de estas transiciones, es el de José Manuel Moreno, alma y vida de "la Máquina" de River en los años '40. Después de jugar en México y Chile regresó a la Argentina y se alistó en Boca. Pero ya no era el mismo de sus años gloriosos. Fue la excepción que marcó las temporadas del profesionalismo más recalcitrante.

Hasta que llegó el turno de Norberto Menéndez, hombre salido delas entrañas de Núñez, campeón en el trienio de River 1955-1956-1957. después aparece en la línea delantera de Boca del '62, con el que también sale campeón. Menéndez estuvo presente en el clásico del penal atajado por Roma a Delem.

En la primera rueda había sido expulsado (aquél fue su primer clásico con la camiseta de Boca).

Hasta ese momento, en sesenta años de fútbol argentino, los casos de intercambio de camiseta se contaban con los dedos de una mano. Y sobraban dedos.

Se distiende la norma no escrita

En los años '70 se observan, en menos de un lustro, tantos caso como en los sesenta años de fútbol anteriores.

Hugo Orlando Gatti, excéntrico arquero que le vino a pelear el puesto a Carrizo en River, fu uno. Tras su paso por Gimnasia y Esgrima de La Plata y Unión de Santa Fe, llegó al Boca de Juan Carlos Lorenzo y obtuvo, entre otros logros, la primera Copa Libertadores para el club de la Ribera. Siempre tuvo buena relación con la hinchada boquense. Solía mostrar, jugando para River, debajo de su buzo de arquero, la camiseta azul y oro.

Junto a Gatti también apareció por boca Héber Mastrángelo, un *wing* que había tenido su buen momento en River en los tiempos del *jogo bonito* de Didí. En Boca hizo lo mismo: goles y más goles de contraataque, por su veloz diagonal desde la punta derecha hasta el arco contrario.

Carlos Manuel Morete, campeón con River en el famoso Metropolitano del '75, que rompía con dieciocho años de maleficios, pasó por Boca, donde también convirtió muchos goles. Tarantini fue otro de los jugadores que pasó por uno y otro club y, como se recuerda, fue campeón mundial sin estar federado.

Carlos Damián Randazzo, desde un lugar promisorio que después no concretó, tuvo oportunidad de jugar en ambos equipos. Hechos extrafutbolísticos lo relegaron a un plano policial y su carrera, que pintaba excelente, dejó con las ganas a todos los hinchas.

Pase directo: la novedad de los'80

Un largo y sinuoso conflicto con dos jugadores de River (Ruggieri y Gareca) culminó con la transferencia directa, sin pasos intermedios por otros clubes, a Boca. Fue un hecho insólito, no sólo por lo novedoso sino por los intrincados pasos que debieron darse y que dieron un papel protagónico a la figura del representante futbolístico. En efecto, Guillermo Coppola, un despierto empleado del Banco Federal, trabó amistad con la colonia futbolística. Se ganó la confianza de muchas estrellas a partir de su colaboración con los jugadores de Boca.

Tal fue la credibilidad generada con el plantel, a partir de una convivencia dilatada que su horario compasivo le permitía disfrutar. Y hasta se dio el gusto de ocupar la punta derecha de la primera xeneize. El "Che, pibe" (como se autodefinió) que llegó a gerente, representaba a más de cien jugadores de primera división y no resistió la tentación de jugar un partido en la ciudad de Bragado. Después, las presiones sufridas en la AFA por la irregularidad de presentarse con un equipo profesional lo obligaron a disculparse. "Haberme puesto la camiseta de boca fue una falta de respeto", admitió compungido. Conociendo su temeraria historia posterior, aquello queda a la altura de un cuento de hadas.

Ruggieri y Greca eran jugadores de Boca. En julio de 1984 se produjo un conflicto que los tuvo como protagonistas al tratar de "mentiroso" al presidente de la institución, Domingo Corigliano. "Jugué –expresó Ruggieri– por el veinte por ciento de aumento durante dos años, para quedar libre. En ese momento Boca me envió un telegrama confirmando la renovación del contrato, el cual rechacé. Estuvimos cerca de todo el mes de enero de 1985 con gestiones a través de Futbolistas Argentinos Asociados, la AFA, el Ministerio de Trabajo, etcétera. El gremio convocó a una huelga de jugadores que duró casi dos semanas, hasta que se solucionara el conflcto. Finalmente, hacia fines de enero, el flaco Gareca y yo0 arreglamos con River, mientras que Tapia y Olarticoechea, con unos cien mil dólares arriba, pasaron a Boca".

Así fue. Cuatro jugadores cambiaron de equipo grande, en forma directa. En rigor fueron dejados en libertad de acción, como consta en los registros de Futbolistas Argentinos Agremiados. Pero los muchachos ya tenían el acuerdo resuelto con su nueva institución. El directivo que había llegado para cambiar las cosas tuvo que torcer el brazo. "No hay mejor halago para quienes conducimos nuestro club –declaró Corigliano– que sacarlo de la difícil situación a que fue llevado por políticos improvisados que sólo buscaron la gloria efímera.

Héctor Martínez Sosa fue su tesorero. Pero en su época se produja una virtual cesación de pagos.

Piedra libre para cambiar

La transferencia múltiple inauguró una etapa en la que ya no era extraño ver a un jugador con una divisa y, en un campeonato siguiente, con otra. Así pasó con Higuain, Erbin, el boliviano Milton Melgar, el uruguayo Rubén Da Silva y el joven pelirrojo Berti quien, al llegar a River, se encontró con la orden implícita pero muy vigente de cortarse el pelo al estilo Passarella.

Juan José López dio con sus huesos en Boca, ya en el final de su carrera, después de ser un crack contemporáneo de Alonso.

Claudio Paul Caniggia, el díscolo, fue parte de una operación en la que Boca se comprometió a armar un equipo de estrellas con la presencia del mismísimo Maradona.

Cedrés, Toresani, Rinaldi, Centurión, el malogrado Juan Gilberto Funes (aunque su debut oficial en Boca no se produjo, por habérsele comprobado malformaciones cardíacas que le provocaron la muerte) y Rubén Galletti complementan esta lista cada vez más poblada, cada vez más previsible.

Hoy son pocos los jugadores que, como el fundamentalista Alonso, no aceptarían un cambio de camiseta, aunque el trueque pudiera asegurar un bienestar económico para la familia.

Capítulo 9
Los relatores, heraldos y pregoneros

En 1923, a las 21>56 del viernes 14 de septiembre, se anunció que estaba a punto de comenzar el combate de boxeo por el título mundial entre Dempsey y Luis Angel Firpo. La noticia llegó radiotelegáficamente hasta la estación Villa Elisa de la Transradio Internacional y fue retransmitida a los estudios de Radia Sudamericana, que a su vez hizo el puente para trasladarla a Radio Cultura, desde donde salió al aire.

El diario La Nación adoptó rápidamente el sistema con líneas directas entre los estadios y la redacción a través de la compañía Telegráfica Telefónica. Por un megáfono llegaba al público agolpado. Los pioneros del sistema decían “La Nación transmite por LOX Radio Cultura” y ensayaban un embrión de lo que muchos años después serían los multimedia.

Federico Domínguez fue el primero y durante muchos años el más eficaz de los locutores. El diario Crítica compitió con LOZ Radio Sudamericana y LOR Radio Argentina.

El público valoraba la rapidez informativa a despecho de la llegada directa y simultánea.

Un trozo de sulfuro de plomo, conocido con el nombre de galena –cuyo tamaño no superaba el de una uña– permitía la captación de una onda transmisora proveniente de una estación radial. No fue siempre así. La radio es un fenómeno del siglo XX pero ya había habido una guerra mundial y su alcance no era ni siquiera sospechado por el gran público.

La primera transmisión deportiva de América latina tuvo lugar en 1922. Y fue, aunque muchos no lo crean, en Uruguay, pionero a la fuerza. Desde dos años antes la radiofonía hacía sus primeras armas en el mundo. Y un transmisor *General Electric*, cuyo destino era Brasil, fue rechazado por el temor de ser utilizado para revelar datos militares.

Los primitivos relatores recibían telegramas con una escueta descripción de las jugadas. Ellos se encargaban de traducir las cintas perforadas en una comunicación que mantuviera en vilo a los oyentes.

El oficio de relator fue, desde su origen, una gran tienda de los milagros. Y sigue vigente, a pesar de los hostigamientos de los medios audiovisuales, como la televisión. Gran parte de los televidentes prefiere acompañar los relatos radiales y bajar el volumen del televisor.

Desfile de pioneros de la aventura radial

Tito Martínez Delbox, inquieto animador, productor y descubridor de talentos artísticos, fue creador de grandes éxitos: La cruzada del buen humor, Gran Pensión El Campeonato y Domingo Federal. Se le atribuye el primer relato íntegro de fútbol.

Quiso transmitir un combate entre Firpo y Venturi, en el viejo estadio de River de Alvear y Tagle, pero otra radio pagó la exclusividad. Preparó cables y se fue a un balcón. Lo encandilaron, dejó señuelos, se mudó a otro balcón, llovió torrencialmente y después de todo, no salió al aire.

En 1939 Gran Pensión El Campeonato era un éxito. Se trataba de una especie de radioteatro humorístico que navegó vigorosamente en el éter hasta 1952. Iba los jueves por la noche y los domingos a mediodía, con libretos de Enrique Dátilo Giacchino.

El elenco estable mostraba este cartel: Antonia Volpe (doña Asociación); Félix Mutarelli (Pedrín el fiambrero); Tito Tori (y después Carlos Castro, Castrito) como Bernabé, el millonario; Zelmar Gueñol (el académico García); Roberto Fugazot (don Lorenzo) y Oscar Villa, Villita (Huracán).

Aróstegui fue uno de los primeros relatores argentinos. Era conocido como "el relator olímpico" por sus transmisiones desde Ámsterdam, en 1928. Hombre culto, algo no tan extraño en ciertos locutores y pregoneros radiales. Fue funcionario del Poder Judicial. Murió en 1985, a los 80 años.

La voz oficial dela Cabalgata Deportiva Así era Washington Rivera. Desde 1971 fue jefe de prensa de la AFA. El pico emocionante de sus relatos fue la Maratón de 1948 en los Juegos Olímpicos de Londres, con Delfo Cabrera como ganador.

Roque Silliti, otro pionero, transmitía "con color, carácter y entusiasmo". A veces dibujaba los partidos desde los estudios.

Horacio Besio, Ricardo Lorenzo (Borocotó) y José Galli (árbitro), que daba sus charlas por Radio Porteña, formaban un elenco de prosapia en aquellos años.

Radio Prieto enviaba a sus oyentes un gráfico con códigos para seguir los relatos. Varios años después Fioravanti popularizó el sistema. "Más que relator, soy narrador" solía decir. Joaquín Carballo Serantes, más conocido con el apodo de Fioravanti, empezó en 1941 auspiciado por la sastrería Alvarez y Cabana. Atilio Casime lo descubrió para Radio Prieto y promovió un puesto para él como comentarista de Lalo Pelliciari.

El 13 de abril de 1941 debutó con Newells-Boca por Splendid, donde estuvo hasta 1951. Después anduvo por Libertad, El Mundo y volvió a Splendid.

Fioravanti transmitía con un estilo sobrio donde los accidentes gramaticales fluían con elegancia y las palabras recorrían una multitud de pasajes del diccionario. Gritaba el gol con emoción y objetividad. Tardaba unos quince segundos en resumir la jugada, los pases realizados y los jugadores involucrados en la acción. Es el mismo tiempo que emplean hoy los relatores para gritar "goooool". Está claro que también cambió la manera de festejar de los propios jugadores. Antes había un módico abrazo entre los compañeros más cercanos mientras el resto elevaba sus brazos casi sin salir de su zona de acción, solitaria alegría en un juego de equipo. Todo era distinto. Los tangos del malogrado Oscar Maderna terminaban en trabajadas codas con acordes de sexta, como si estuvieran cerrando una pieza de dos horas en un teatro de Broadway. Sin embargo nadie duda de que "Concierto en la luna" sea una pieza de antología.

Lalo Pelliciari tenía un estilo más campechano. Si se aburría por la languidez de un partido chato decía "¡Vamos, muchachos, vamos!". Nació en Buenos Aires pero se formó periodísticamente en Uruguay. Debutó en 1932 y le fue tan bien que le compró Radio Mitre a Yankelevich. Su mejor relato: el gol de Grillo a los ingleses.

En 1937 Hugo Marini escribió en Crítica: "Ni por asomo voy a dejar de decirlo. Frente a la avalancha de analfabetos embozados en un micrófono, su presencia es todo un acontecimiento. Las tiene todas: facilidad de palabra, velocidad en la reseña, propiedad en las expresiones, claridad en los conceptos, comprensión de la materia a abordar."

El inventor del "día peronista"

Luis Elías Sojit comenzó en 1933 en Splendid. En 1934 realizó su primer relato: la reserva de Gimnasia–Independiente por Radio Rivadavia. Inventó Coche a la vista, un grito al micrófono que se popularizó cuando el TC era furor en todo el continente.

Fue él quien le puso "el divino" al arquero Zamora y "el león de Wembley" a Rugilo, el arquero velezano que se destacó en aquel match contra Inglaterra.

Manuel, hermano de Luis Elías, firmaba "Córner"; Boris, su otro hermano, rubricaba sus intervenciones con el seudónimo "Míster". Era una familia de *speakers.*

L.E. Sojit fue un personaje vinculado estrechamente con Perón. Inventó aquello de que "hoy es un día peronista" para indicar que había un sol espléndido.

Participó en algunas películas argentinas en su papel de relator, sobre todo en las relacionadas con el automovilismo. Pero el fútbol fue el vehículo de sus vehementes relatos. Entre otras circunstancias que lo hacían enorgullecer, se recuerda el hecho de que la directiva de River le prohibió el acceso al Monumental.

Para él, la circunstancia de que un relator no estuviera viendo lo que relataba era apenas un hecho contingente. Sojit se las arregló desde la emisora para traducir en floripondios lo que escuetamente, vía telefónica, le informaba el "Tarta" De Palma. "Le bastaba saber que había ocurrido un peligro frente a cualquiera de los arcos –escribió Jorge Rupretch en El Gráfico– para mandarse cuatro o cinco minutos imparables, hasta que vokviera a sonar el teléfono... La cosa transcurría realmente bien para todos los componentes del grupo. Hasta que el árbitro cobró un penal para River, que patearía Bernabé Ferreira." De Palma se la jugó en la misma comunicación y cantó gol de "la fiera".

"Sojit agarró la víbora –sigue contando Rupretch– y se despachó a gusto. Contó por dónde había entrado la pelota, la forma en que se abrazaban los riverplatenses, los estribillos de la hinchada... De pronto volvió a sonar el teléfono. La voz de De Palma era trágica: "Luis Elías... escuchame un poquito... no fue gol... le atajaron el tiro a Bernabé." Y Sojit se arregló. Inventó una queja posterior de los jugadores. Los hizo hablar a todeos con el árbitro, con el lineman, con el intendente del club. Al final relató nuevamente el penal. ¡Y éste sí se lo habían atajado a Bernabé!"

En 1958 Sojit estuvo preso. En esa ocasión lo ayudo Augusto Bonardo cuando para muchos la sola mención de Sojit era como un improperio. Informaba de incógnito, desde "la torre mágica". Era magia, hasta su relativa peligrosidad en la resistencia peronista. En el momento en que decir "Perón" por un medio de comunicación estaba taxativamente prohibido ¡cómo no perseguir el acento y la inflexión de quien invocaba a Perón aunque hablara de energía nuclear o de la importancia de llamarse Ernesto!

En 1960, desde Radio Porteña, Luis Elías Sojit hacía tándem con José López Pájaro. Su hijo no es otro que Julio Ricardo, un hombre con indudable oficio pero de discurso resultadista.

Los pregoneros han sido siempre figuras importantes en la vida política. Es inconcebible un acto sin ellos. Un mitin político puede no tener políticos en el estrado. Pero que no falte el pregonero, el locutor oficial. A veces el locutor pierde la noción de que sólo es vehículo de las ideas y se dispone a transmitir su propio pensamiento. Porque, si termina siendo que los políticos son los que mejor llegan a las masas, por qué no pensar en la tentación de dejar de ser meros ventrílocuos, idea que, cada tanto, invade a los pregoneros. Cuando se inventaron los altoparlantes y la amplificación mejoró su técnica, cambió la dinámica de los actos y la impronta de los líderes.

Reproducir un relato, volcarlo en un papel en forma literal, es la tarea más desdichada que pueda hacerse. Si se despoja a esos relatos de la magia de la inflexión no queda casi nada. Porque la tensión está dada en la impostación, en el timbre y en la vibración auditiva. No pasa lo mismo con un disco de Gardel, por ejemplo, donde de la transcripción escrita, queda un poema de Le Pera, Cadícamo o Discépolo. Los propios protagonistas, cuando escuchan un relato grabado de sus goles, suelen emocionarse más que en el mismo momento en que se desarrolló la jugada.

José María Muñoz, un pregonero de los gobiernos de turno

Empezó con Sojit. En 1952 José María Muñoz relató el triunfo argentino de remo, en doble par sin timonel, en los Juegos Olímpicos de Helsinski. Pero la mayor virtud de ese encendido relato no fue conocida por sus oyentes; la transmisión se hizo en vivo, con cronómetro en mano, un par de horas después de la verdadera llegada de los remeros.

En 1947 completó su primer partido en el aire: Rosario Central-Quilmes. Inventó o desarrolló las conexiones con cada estadio. Como ya vimos, la radio a transistores se devoró a la revista Alumni que se vendía en los alrededores de la cancha. Demostró (cuando salió la Spika) que iba a la misma velocidad que la jugada y un magnífico dominio de la acción, aun en las condiciones más desfavorables.

En el '60 Muñoz-Ardigó y la locución de Cacho Fontana eran el centro de la atención radiofónica. Enzo Ardigó murio en el Estadio Cenenario de Montevideo, en febrero de 1977.

Muñoz hizo un culto de la comunicación radial. Eran proverbiales sus conexiones con las bases antárticas o la fragata Libertad, en viaje de adiestramiento de cadetes por todo el mundo. Se lo recuerda por su enfático apoyo a la dictadura militar y la arenga radial para que las multitudes que celebraban el triunfo argentino juvenil en Japón (1979) le enrostraran a la Comisión de Derechos Humanos de la OEA que "los argentinos también somos derechos y humanos". Nadie escuchó, años más tarde, su sincera –a mi entender– confesión de ingenuidad. No trepó, como Sojit, a los mentideros del poder aunque gozó de su influencia. Se identificó plenamente con las Fuerzas Armadas justamente en el momento en que éstas sufrían la más execrable caída de imagen. Pero armó un equipo de profesionales que crecieron a su influjo: Dante Savatarelli, el "Gordo" García Blanco, Julio César Calvo, Roberto Ayala,

Cherquis Bialo, Juan Carlos Morales, Jorge Bullrich y tantos otros, entre los que hasta aparece un bisoño Marcelo Tinelli. Muñoz falleció el 13 de octubre de 1992.

Relator y melómano

Había muerto Solé, el mítico relator uruguayo, el mismo año en que "Pichuco" Troilo tocó el último tango. Las sombras de una década ominosa se cernían sobre la realidad internacional. Y el fútbol pugnaba por ocupar su bien ganado espacio entre las novedades de una familia lejana y disgregada. Uno de mis amigos me dijo que había aparecido un relator que superaba a Solé en la percepci8ón de las jugadas y que imprimía un ritmo impresionante a la transmisión. "Siempre hay alguien que canta mejor que Gardel", pensé con cierta indiferencia.

Recuerdo haberlo escuchado por primera vez a Víctor Hugo Morales en una de mis vacaciones en la costa argentina. Las radios uruguayas, como lo saben las mismas emisoras, son muy bien captadas en toda la zona costera de la provincia de Buenos Aires. Allí apareció el vértigo de las palabras, el ritmo de un relato apresurado y veraz y la gestión comercial de un locutor inverosímil, Dardo Luis Gregores, capaz de leer una tanda publicitaria de veinte anunciantes en el corto lapso que va de la comisión de un foul hasta su ejecución.

Por emitir su opinión se le prohibió a Víctor Hugo en una oportunidad el acceso a las cabinas del Estadio Centenario de Montevideo, honor máximo que se le puede otorgar a un periodista radial.

Desde 1981 siguió su carrera en Buenos Aires donde ya había transmitido en su primera juventud. Le discutió palmo a palmo la hegemonía a un relator como Muñoz, que hizo historia en la radiofonía argentina. Hoy es líder absoluto de audiencia radial y es epítome de periodismo independiente, sin concesiones.

Desde el punto de vista del deporte mismo Víctor Hugo ha puesto énfasis en las virtudes del juego y en los merecimientos más que en los resultados. Si el trámite se desarrolló de una manera y a los 89 minutos un equipo que no lo merece convierte el gol del triunfo,

0el cree que el comentario no uede variar de tono. Es una visión pragmática donde vale la acumulación de esfuerzos más que el resultado final. De acuerdo con esta óptica, Aníbal habría merecido los laureles del Imperio Romano después de la toma de Sagunto. Porque se animó a seguir hasta Italia cruzando los Alpes con una formación de elefantes. Si Roma no cayó ante este brillante estratega cartaginés, después de su avasallante paso por Tesino, Trebia, Trasimeno y Cannas fue porque Escipión, el Africano, le estaba apedreando su propia ciudad. Muchos comentarios de Víctor Hugo responden a esa lógica. No importa Zama, el grito del final. Aníbal debió ser emperador de Roma, por méritos acumulados.

Es, como suele decirse, un triunfador genuino. Tiene su propio espacio en la consideración social. Ha agregado a las transmisiones toda la creatividad del entorno. También se multiplica en la composición de su agenda. Su privilegiada memoria también atesora su pasión por las artes plásticas, la narrativa y la música. No todo es fútbol en la vida.

Relatores con camiseta puesta

Hubo y hay relatores consagrados a seguir el itinerario de uno de los equipos grandes. Desde Alfredo Curcu hasta Bernardino Veiga las experiencias no fueron realmente muy numerosas pero sí lo necesariamente sugerentes.

En la actualidad Atilio Costa Febbre sigue los pasos de los millonarios como así también lo hizo hasta hace poco Caldiero con Boca. Luego dejó el espacio para que hiciera sus primeras armas Alejandro Fantino, un relator aburguesado, más preocupado por la estética de los jugadores fuera de la cancha que adentro.

Capítulo 10
Ingreso a la violencia

El fútbol es una representación de la guerra. Dos ejércitos figurados se enfrentan en un campo de batalla acotado, delimitado por líneas de cal que trazan un perfecto rectángulo. En esa simulación hay mariscales, lugartenientes, mensajeros y soldados; hay actos de arrojo, solidaridad, heroísmo y cobardía. Lo que el fútbol tiene de extraordinario es su conjunto de representación. Tiene también sus "convenciones de Ginebra" y sus reglas básicas, expresadas en la autoridad de un árbitro con poder punitivo sobre los contendientes.

Generalmente esta representación es entendida por los responsables del espectáculo y sus asistentes en su sentido amplio, figurado. Pero hay un minúsculo sector que está incapacitado para reconocer su carácter simulado y toma las cosas en sentido literal. Para ellos el fútbol no es la representación de una batalla sino, lisa y llanamente, la propia batalla. Son los fanáticos, conocidos genéricamente con el nombre de barrabravas. Cuando ellos expresan que "lo vamo' a reventar" a los rivales están transmitiendo exactamente la intención de aniquilar físicamente al adversario.

Después de la trágica emboscada a los hinchas de River por parte de lo más granado de los barrabravas de Boca, y que originó el execrable saldo de dos hinchas muertos, aparecieron algunas pintadas que denotan el grado de distorsión cerebral de estos matones: River 2 Boca 2. El partido, que había finalizado 2 a 0 a favor de River fue "empatado" por la sangre de dos simpatizantes muertos a mansalva.

La violencia del fútbol se reduciría a una mínima expresión si en los estadios se prohibiera la presencia de todos aquellos que no aceptan la convención de que se trata de una representación, y no de una guerra.

En octubre de 1983 Alberto Taranto, un joven de 21 años de edad, partidario de River, entregó su vida en un enfrentamiento entre barrabravas de Boca y River en las afueras del Estadio Amalfitani de Vélez, donde se había jugado un superclásico nocturno. La batalla había sido acordada previamente, haciendo abstracción del resultado futbolístico o de las incidencias del juego.

No se debe permitir el ingreso a un espectador imposibilitado de entender que, en el fútbol, se trata de una fantasía, una ilusión una representación de la guerra, y no de la guerra misma. Se cuenta que en los comienzos heroicos de la cinematografía algunos espectadores, antes la envilecida acción de un personaje malvado en la película, la emprendían a tiros contra la pantalla. Nadie duda de que esa clase de asistentes confunde la ilusión óptica de 24 fotogramas por segundo con la vida misma y, como aportantes a una cifra de *bordereaux*, más vale perderlos que encontrarlos.

En muchos lugares, la casa se reserva el derecho de admisión. Del mismo modo, bien podría argumentarse que a aquellos espectadores incapaces de distinguir entre realidad y ficción, se les prohibiera el ingreso a las tribunas de un estadio. Después se podrá discutir acerca de las causas y consecuencias de la violencia en el fútbol. Pero sólo después.

Factores de presión

Esa distrofia sufrida por los barrabravas es hábilmente explotada por cierto tipo de agentes que medran con la imposibilidad de aquéllos de entender el juego como tal. Los dirigentes jamás aceptarán taxativamente las evidencias de que son ellos quienes apañan, toleran, respaldan o conviven con estos tenebrosos factores de presión.

Los barrabravas son fuerzas de choque, lúmpenes que tienen la fuerza de los fierros –y rarísima vez capacidad de discernimiento– para cumplir los oscuros designios de quienes los manipulan. Reciben a cambio pequeñas prebendas que les ahorran el trabajo de tener que desenvolverse en tareas relevantes de la vida cotidiana. Como han perdido la capacidad para hacer otra cosa, sólo están para el apriete y para el aguante. El espacio de la violencia y la especialidad para actuar como fuerzas de choque los habilita tanto par un lavado como para un fregado. Son los mismos que actúan con eficacia en los sindicatos y en los partidos políticos apuntalando a jerarcas y punteros. En el terreno gremial han sabido desbrozar el camino de los jerarcas sindicales limpiando a capa y espada todo intento de pluralidad, con más virulencia si la misma llegara a tener ciertos tinte de izquierda. Los barrabravas son fuerzas de choque que actúan a cara descubierta porque alguien los "banca". Se manejan con "zonas liberadas" dentro y fuera de los estadios y exponen la connivencia con muchos dirigentes incapaces de trazar un plan político para sus clubes, sin el auxilio de estos factores de presión. Y tanto jugadores como técnicos, atrapados entre dos fuegos, resultan ser las víctimas de sus aprietes.

Viajan a todas partes del mundo siguiendo los colores de sus respectivos clubes y de la Selección nacional, como embajadores itinerantes que siembran el asombro y la incredulidad por doquier. Estos personajes, incapaces de entender la fantasía del fútbol, terminan siendo una representación: reflejan lo que es el país.

Buena parte de las fuerzas de seguridad ya no cumplen con su cometido específico y se entremezclan con los hechos delictivos hasta hacer trizas la débil línea que indica hacia dónde está lo prohibido. Son numerosos los efectivos que se entreveran en esas patotas de can ha. La policía (no toda, claro) no es la mejor del mundo cuando hay poderosos que manipulan su poder de fuego. La violencia radica en establecer estructuras piramidales de presión: las mafias embozadas, la corrupción policial , las codiciosas dirigencias de clubes. Toeos son de un modo u otro barrabravas. Pero como se los ve de corbata y en autos importados, parecen gente normal. Entonces confunden y nos entretenemos en interminables debates para desenmascararlos.

No hay que meter a todos en la misma bolsa. Hay buenos policías y hay buenos dirigentes. Lo que no existe son los buenos barrabravas. ¿Cuántas muer5tes más hacen falta para darse cuenta?

La fatídica puerta 12

Otra cara de la violencia es el descontrol organizativo en los estadios. Y su máxima catástrofe justo tuvo que ocurrir en un lugar de privilegio para el desarrollo de espectáculos futbolísticos: el Monumental.

Ocurrió el 23 de junio de 1968, después de un clásico River-Boca que terminó 0 a 0.

Costó la vida a más de setenta personas, casi todas ellas jóvenes integrantes de la hinchada xeneize.

Dijo Osvaldo Soriano en El Cronista Comercial, el 19 de setiembre de 1975: "Entonces se discutió –y aún se tienen dudas– sobre los obstáculos que impidieron al público abandonar libremente esa cueva".

Amílcar Romero, en "*Muerte en la cancha*" (Todo es Historia, setiembre 1984), escribió: "Sea cual haya sido el obstáculo o el imprevisto en la boca de salida, el atascamiento de los que ya ganaban la calle repercutió en el ángulo de 90' que hace la escalera unos metros más atrás; la presión de la masa humana que venía bajando desde la segunda bandeja del sector oeste, que es donde se ubica la hinchada visitante, que hizo caso omiso a los gritos de alarma, ayes de dolor y los alaridos desgarradores de los moribundos que eran pisoteados, determinó el luctuoso saldo".

Se presume que la causa de la tragedia pudo haber sido una obstrucción total o parcial dela puerta de salida. También se habló de que los responsables del club no habían retirado los molinetes de control de ingreso.

Los testimonios fueron contradictorios. Un para de días después de la tragedia el diario La Razón hizo un análisis de la seguridad en los estadios, con el interés de mirar hacia delante y prever nuevas desgracias. Publicó entonces: "En el Estadio Nacional de Chile, en el Maracaná de Rio, en el estadio de Minas Gerais y en algunos de Colombia existe una organización con butacas numeradas y con amplias rampas de salida para la desconcentración cómoda de las multitudes. Claro que en todos esos países los estadios son municipales y, por ende, la comuna los administra y los mantiene renovados y muy bien."

En aquel momento de luto y pesar los dirigentes empezaron a estudiar los problemas propios de la actividad en las canchas: colas frente alas ventanillas; espectadores asediados por los caballos de la Policía Montada; avalanchas, agravadas aún más por la nueva gracia de las hinchadas que "se mueven para acá/se mueven para allá"; riñas entre patotas. Y para mayor valle de lágrimas, los lugares para satisfacer las necesidades fisiológicas son escasos y carentes de comodidades.

Un testigo de la tarde fatídica comentó: "Siempre hay hinchas que salen en patotas arrojando diarios encendidos, botellas, bombas y que se llevan a todos por delante. Yo estaba en el estadio y vi que en el sector del desastre pasó eso, lo de siempre, pero nunca imaginé que escaleras abajo irían a destrozarse unos contra otros, hasta morir". Ese día Carrizo, ya de cuarenta y dos años, jugó su último clásico. Sus adversarios lo fueron a saludar al final del partido. Afuera el grito de terror, el ahogo y la muerte. Una tragedia que fue excepcional que, sin embargo, parece tener todos los elementos acondicionados para repetirse.

Capítulo 11
Los apodos

Los nombres significan algo, son más que esa identificación que nos acompaña desde la cuna: Carlos, Cecilia, Rafael, Silvina, Benjamín...

Muchos nombres tienen en su origen un significado concreto. Pero, con el correr del tiempo, ese significado se ha ido perdiendo y el nombre propio fue adquiriendo un sentido neutro, pegado más a personajes homónimos que al propio significado original. Ya nadie podría llamarse Ingrid sin evocar el rostro tenso y enigmático dela heroína de Casablanca. Nadie puede llamarse Miguel Angel sin pensar en la arquitectura, la escultura y los frescos de la capilla Sixtina. Todos los Juan Domingo refieren indudablemente una época de la vida argentina y a una corriente de simpatía; todos los Ernestos, que revalidan un nombre algo anticuado, expresan hoy la admiración por una figura que perdió su nombre de pila bastante antes de morir por una causa que creyó justa.

El nombre propio, en la medida en que deviene algo neutro, necesita de un apodo para diferenciarse. "El monarca bajo cuyo reinado jamás se pone el sol" define con mayor pompa a Carlos I (V de Alemania). "El manco de Lepanto" describe con énfasis a un escritor que emplea, precisamente, su mano para escribir y su desgraciada pero heroica participación en una batalla naval.

En el espectáculo los agentes de prensa se encargan de elaborar apodos que significan tanto o más que los propios nombres. El tango ha dado continuos ejemplos al respecto: "El Rey del compás", "El Zorzal Criollo", "El Cantor de los Cien Barrios Porteños".

En la vertiente artística es muy común acompañar los nombres de las estrellas con una frase de calificación. También en la publicidad existe el mismo fenómeno. Las marcas acompañan su característica de nombre propio con eslóganes que modifican la atención: "Todo va mejor", "Es así", "Le da más vida a tu vivir" son como distintos apellidos utilizados en el transcurso de un tiempo para rematar el mismo nombre, la misma marca, la misma bebida gaseosa.

En la historia del Superclásico también aparecen los eslóganes y los apodos, producto de la labor más o menos ingeniosa de los medios de prensa y del propio público. A tal punto es así que los aforismos, sinécdoques, frases laudatorias y otros accidentes de la gramática futbolística han sido lanzados ala consideración del público, especialmente por los relatores y comentaristas radiales.

Los apodos tienen diferentes fuentes y objetivos. Hace poco asistí a un partido entre Independiente y Belgrano de Córdoba en el que la defensa de los rojos estaba formada por el "tomate", el "morrón" y el "huevo". Alguien de la tribuna señaló que, más que una defensa, parecía una ensalada.

Al brillante de River de la década del '40 se lo distingue con el apodo de "la máquina".

A ese mismo elenco se le endilgó otro apodo, "Los caballeros de la angustia", inspirado tal vez en el título de alguna película de la época. Reunía en esa idea loa condición de *cracks* que gozaba aquel equipo y una característica que pudo haberse prolongado una temporada: la de mantener el dominio de la pelota, con gran capacidad para el pase corto y largo y, consiguientemente, para rematar los partidos en los últimos diez minutos de juego.

Despachemos rápidamente los términos despectivos: "Gallinas" y "Bosteros" tienen, para River y Boca respectivamente, una connotación ofensiva. Lo de aves de corral nació en mayo de 1966. En el campeonato local River enfrentaba a Banfield una semana después del partido en Santiago de Chile cuando los millonarios, tras ir ganándole a Penarlo 2 a 0 en la final de la Copa Libertadores, resignaron el título al perder 4 a 2. la hinchada de Banfield presumiblemente liberó un par de gallinas en el campo de juego y el mote prendió entre los habitantes de las tribunas y los autores delos cantos delas hinchadas.

Lo de bosteros lo inspiró involuntariamente el presidente Cichero, como ya fue dicho. La tribuna lo inmortalizó dela siguiente manera: "La Boca, la Boca, la Boca se inundó/ ya a todos los bosteros/ la mierda los tapó".

Los apodos responden a distintas fuentes o necesidades. Los menos elaborados, por tratarse generalmente de contracciones, son los derivados de los nombres: el "Beto" Alonso; los más audaces son los que expresan en sentido figurado algún rasgo saliente del jugador: el "Machetero" Benítez Cáceres (paraguayo, de Boca); "Pechito" Chiappe; el "Pez Volador" Yustrich (arquero de Boca), Miguel Angel Bosio, el "Gentleman" de River; Severino Varela, "la boina fantasma"; Alfredo Di Stéfano, la "Saeta Rubia".

Ciertos apodos evocan no sólo una virtud del jugador (la potencia en el remate, por ejemplo) sino el oportunismo de una idea asociada a determinada circunstancia histórica: el "Atómico" Boyé lo ubica en los aciagos días de la Segunda Guerra Mundial.

Son famosos los apodos aplicados a ciertos rasgos físicos: el "Pacha" Iácono, el "Mostaza" Merlo; el "Tapón" Gordillo. Tal vez enganchados a éstos podrían clasificarse los extraídos de la zoología: el "Pato" Fillol, el "Mono" Navarro Montoya, el "Conejo" Tarantini.

Como contrapartida están los que cargan con algún toque de carácter: el "Mulero" Lagos, el "Loco" Gatti; el "Manteca"

Martínez, por su supuesta fragilidad cien veces desmentida por su eficacia en las áreas.

El "Pibe de Oro" Ernesto Lazzatti, de Boca; el "Napoleón" del fútbol, Pedernera; el "Príncipe" Francescoli, el "Rey" Maradona son grados de jerarquía que denotan el respeto y la sumisión que trasuntan esas figuras.

Están los apodos crípticos, que necesitan una explicación detallada para que se entienda su origen, usualmente heredado del entorno familiar. Caso típico, "Pinino" Más: Tito Conti, un amigo, le puso así porque siempre jugaba con unas bolitas llamadas "pininas", pequeñas y difíciles de impactar. El "Polillita" Da Silva heredó el apodo de su hermano mayor; el "Polilla"; "Pipo" Rossi, "Cacho" Silveira recibieron sus apodos también en el ámbito de la familia.

De todos los apodos incorporados a la fauna del Superclásico hay uno que debería integrar una categoría absolutamente diferente que combina el ingenio con la comodidad: Aarón Wergifker, el brasileño que rindió dividendos marcando la punta izquierda durante muchos años, tenía un apodo incorporado rápidamente por sus compañeros de equipo: "Pérez".

Sin embargo, por tratarse de un apodo compartido, es menester cerrar este capítulo con Marante y De Zorzi, la línea de backs que jugó en Boca por los años '50: se los conocía con el apelativo de las "mellizas Legrand".

Conclusión

Recurramos nuevamente a Edward H. Carr, quien escribe en *"¿Qué es la Historia?"*: "Sospecho que los buenos historiadores, lo sepan o no, tienen la médula impregnada del futuro. Además de la pregunta ¿por qué?, el historiador también plantea la interrogante ¿adónde?".

Si el fútbol fue el bálsamo que los ingleses inventaron como entretenimiento delas masas para llenar sus horas libres, su estructura se cimentó en la avidez de los criollos por abrazar una divisa que los identificara. La rivalidad hizo que nacieran dos clubes representativos, por encima de las demás predilecciones: Boca y River. Desde la desembocadura del Riachuelo ambas instituciones se ganaron el beneplácito de la gran mayoría de los argentinos. Y como desde la influyente capital todo –modas y apetencias– parecería irradiar hacia las provincias, los clubes grandes disponen de calor popular en todas partes, como nadie, ni siquiera los propios clubes locales.

Aun cuando las nuevas necesidades de la televisión multipliquen las ediciones del Superclásico, este enfrentamiento goza de buena salud. Sin embargo, sobre todo en esos falsos desafíos de verano, donde el Boca-River se reedita por lo menos cuatro o cinco veces en menos de ocho semanas, las tribunas algo raleadas muestran un síntoma: la gente termina cansándose algún día.

El fútbol ya no es aquel espectáculo dominguero que incluía la ceremonia delas pastas tempraneras en familia y la maratónica observación de terceras, reservas y primeras. Parecería estar ocurriendo con el fútbol por televisión lo que a fines del siglo XIX se experimentó ante el desarrollo vertiginoso de este deporte. En el mundo hay, término medio, entre un 15 y un 25 por ciento de desocupación y lo peor es que nos dirigimos hacia un nuevo siglo donde la tendencia irá en aumento. Esa mano de obra sin posibilidad de integración a la masa laboral dispone (por lo menos en los países más desarrollados) de una red de contención que contempla el seguro de paro. El fútbol se transformaría así en una necesidad para la enorme masa de "parados", gran porcentaje de la cual son hombres y, en su abrumadora mayoría, amantes del fútbol.

Nuevamente, en el cierre de un ciclo y la apertura de otro, el fútbol está conectado con la fuerza laboral y daría razón a una programación televisiva y federativa que tiende a saturarse.

La violencia incontenible, reflejo de una inserción social pletórica de conflictos, aleja a la gente de los campos de juego. Nada parece impedir el camino de regreso hacia un espectáculo de masas pero a la distancia, con partidos River-Boca jugados poco más que a puertas cerradas. Ya existen algunos encuentros en divisiones menores donde la escasa asistencia que pasa por ventanilla no alcanza siquiera para cubrir los costos de la policía adicional. No corre tamaño riesgo el Superclásico, por supuesto. Pero hay que anotarlo como tendencia.

El fútbol goza de buena salud. Se entiende que digo esto desde el punto de vista del espectáculo. Básicamente estas reflexiones no han girado en torno de los males endémicos que rodean este deporte pero no los desconoce.

El Superclásico ha de seguir siendo el vértice de la *trouppe.* Los dos eternos rivales navegarán en martes serenos o procelosos según la campaña que les toque en suerte y necesitarán de los demás para plantear la lucha por los campeonatos.

El mercado editorial argentino, que aceptaba dos revistas semanales (*El Gráfico, Goles* y –en el último decenio– *Todo*

Fútbol) y dos publicaciones de circulación más limitada (*La Cancha, Alumni*), desde 1995 tolera sin mayores contraindicaciones un diario deportivo (*Olé*) y la transformación, a partir del Mundial de Francia, de una revista en diario (*El Gráfico*). Estos hechos estarían reforzando el concepto de que el crecimiento de una masa desalentada, sin ocupación y cuya subsistencia se basa en algún otro miembro del entorno familiar reclama una cobertura magnificada, acromegálica de información futbolística.

Sería ingenuo pensar que las expectativas de venta de dichas publicaciones se basaran únicamente en los índices de desocupación. Pero el fenómeno está presente.

Ha aumentado la necesidad de información deportiva y, consiguientemente, otros microorganismos coadyuvantes: los cronistas y movileros. Estos *kamikazes*, despojados de la más mínima pátina de ética por necesidad de supervivencia, asedian a los protagonistas con su enjambre de cámaras, luces y micrófonos y, con metodología de provocadores profesionales, procuran arrancar una frase que inspire titulares catástrofe al día siguiente. Poco falta para que acometan a los futbolistas y técnicos mediante el uso de alfileres, que no serían una novedad en el fútbol, claro está. Dan vergüenza ajena.

He revisado infinidad de publicaciones de época y rara vez el periodismo ha salido pipón de un Superclásico. Más bien, todo lo contrario. Sin embargo la prensa especializada suele ser más indulgente cuando los partidos entre los clásicos rivales pasan a ser un recuerdo de lejanas jornadas. Esto me ha llevado a pensar que, en lo inmediato, se pierde de vista la gravitación de un River-Boca pero, tomado en perspectiva, se aprecia con amplitud toda la magia de su significación.

Como no ha sido mi intención más que tomar el fenómeno del Superclásico en su conjunto, globalmente, seme podrá reprochar no haber incursionado en otros temas que también rondaron los resultados y los intereses. Yo creo que da para más en la medida en que uno acepte su grado superlativo de representatividad. El fútbol es un espejo en el que nos miramos todos los días. Somos como jugamos. Vivimos como observamos. En un Superclásico se nos va la vida. Porque, con todo respeto por los que no se suben a este carro, el fútbol no es de ninguna manera lo más importante en la vida de los argentinos. Pero es muy importante.

Galería fotográfica

Boca-River en la Bombonera, en 1947. La cancha llena, los jugadores atentos a la jugada, sin marcas pegagosas, condiciones ideales para el lucimiento de los más hábiles.

Boca en 1926, poco tiempo después de la gira por Europa
que lo hizo grande por la gran repercusión de la prensa.

River-Boca, en 1961. Los Millonarios habían entrado en plena huelga de campeonatos y Boca contaba con la base de los equipos seleccionados. Un año después, con los mismos protagonistas, el arquero Roma le atajó el famoso penal a Delem.

Boca formando en la cancha de Ferro Carril Oeste, en 1951,
cuando sufrió hasta la última fecha para salvarse del descenso.

Tribuna repleta. Sacos, corbatas y sombrero de primavera-verano, el "panamá". Nadie osaba salir sin la cabeza cubierta ni mucho menos ir a un espectáculo público sin él.

Varallo, el extraordinario centrodelantero de Gimnasia y Esgrima y de Boca, en plena acción de shotear. Fue el más joven integrante de la Selección Argentina subcampeona del Mundo en 1930.

River en los vestuarios, celebrando un triunfo. Entre ellos, las figuras legendarias de Carrizo, Pipo Rossi (arriba), Lousteau y Di Stéfeno (centro). Rossi y Di Stéfano en todo su esplendor, se fueron a Colombia cuando ese país (entonces no afiliado a la FIFA) tentó económicamente a nuestros cracks.

Vuelta olímpica de River en la década del '40.
Angel Labruna, entre los más eufóricos. 89

Boca en 1954, campeón y con una figura insólita
entre sus delanteros: el Charro Moreno, hombre
identificado con los mejores triunfos de River.
Ya veterano, todavía deleitaba a los amantes
del buen fútbol.

El tablero de la “Alumni”, un jeroglífico con los resultados de las otras canchas. Para develar la incógnita era necesario comprar la revista antes de ingresar a la tribuna. Era un verdadero decodificador que murió de muerte natural cuando se impuso la Spika.

Bibliografía

Alfaro, Hugo *Por la vereda del sol* Ediciones de Brecha, Montevideo, 1994

Asnaghi, Carlos *100 años de Gimnasia y Esgrima de La Plata* Neyce S.A. Bs.As., 1987

Avellaneda, Alberto *Luis "Peta" Ubiñas, una parte de la Historia Nacional* Ed. Clú de Amargueando, 1995

Barrán, José Pedro *Historia de la sensibilidad en el Uruguay* Ed. Banda Oriental, Montevideo, 1990

Bachelard, Gastón *Psicoanálisis del fuego* Shapire, Buenos Aires, 1973

Barbero, José Ignacio y otros *Materiales de sociología del deporte* La Piqueta, Madrid, 1993

Bayce, Julio *1928: Amsterdam* Julio Bayce Ed. Reunidos, Montevideo, 1970

Bayce, Rafael *La evolución de los sistemas de juego* Julio Bayce Ed. Reunidos, Montevideo, 1970

Bayer, Osvaldo *Fútbol argentino* Editorial Sudamericana, Buenos Aires, 1990

Beceiro, Ildefonso *La Radio y la TV de los pioneros* Ed. Banda Oriental, Montevideo, 1994

Biedermann, Hans *Diccionario de símbolos* Paidós, Barcelona, 1993

Borrelli Marchi, Roberto *El libro de Oro de Peñarol* Montevideo, Elcar Ltda., Montevideo, 1970

Bozzo, Rubén *Los ferrocarriles en la economía argentina*, Ed. Acción, Bs.As. 1976

Brohm, Jean Marie *Critiques du sport* Christian Bourgeois, París, 1976

Bufali Andrés A. Boimvaser, Jorge D. y Cecchini, Daniel G. *El libro negro de los Mundiales de Fútbol* Planeta, Buenos Aires, 1995

Buzzetti, José Luis *Crónica y comentario del Club Atlético Peñarol* Montevideo, 1963

Cárdenas, Rodolfo *Los porteños, su tiempo, su vivir* Edit. Sudamericana, Buenos Aires, 1973

Constable, Annie *Standing up for football* Time, Abril 1990

Costa Bonino, Luis *La crisis del sistema político uruguayo* F. Cult. Universitaria, Montevideo,1990

De Torre, Guillermo *Nuevas direcciones de la crítica literaria* Alianza Editorial, Madrid, 1970

Di Candia, César Los años del odio Colección Búsqueda, Ed. Fin de Siglo, Montevideo, 1994

Dramisino, Hugo *Freud Fútbol Club* Ediciones Ledra, Buenos Aires, 1997

El Día (1886-1981) *95 años al servicio de la Libertad* Montevideo, 1981

Escobar Bavio, Ernesto *El footbal en el Río de la Plata desde 1893* Sports, Bs. Aires, 1923

Faraone, Roque *Medios masivos de comunicación* Nuestra Tierra, Montevideo, 1968

Freud, Sigmund *Totem y tabú* Ediciones Orbis, Hyspamérica, Buenos Aires, 1993

Friedlander, Ludwig *Roma* Fondo de Cultura Económica, México, 1947

Galand, Pablo *Te llevo sobre mi piel* Mística, Nro. 37, Buenos Aires, 1997

Galeano, Eduardo *Fútbol a sol y sombra* Catálogos, Buenos Aires, 1996

Gallardo, César L. *Los arqueros (Historia del fútbol uruguayo)* Julio Bayce, Ed. Reunidos, Montevideo, 1970

Garlando, Luigi *Cent,anni prima di Ronaldo* La Gazzetta dello Sport, Milan, 1998

Gil Soja, Omar M. *El transporte y el desarrollo de la Ciudad de Montevideo*, 1977

Gilio, María Esther y Domínguez, Carlos M. *Construcción de la noche* Planeta, Biogr.del sur, Bs. As., 1993

González, José Luis *Paco Casal y los ídolos de diamante* Montevideo, 1990

Gutiérrez Cortinas, Eduardo *Hijos nuestros* Ed. Futbolín, Montevideo, 1996

Historia del fútbol argentino Diario La Nación de Buenos Aires, 1994

Huizinga, Johann *Homo ludens* Boston Mass., Beacon Press, 1972

Joslin, David *El poder de los bancos extranjeros* Proceso, Buenos Aires, 1972

Laclau (h), Ernesto *La formación del mundo moderno*, Siglomundo, Buenos Aires, 1968

Landini, Mabel *El deporte: profesión y espectáculo* Siglomundo, Buenos Aires, 1968

Lawther, John D. *Psicología del deporte y del deportista* Paidós, Buenos Aires, 1978

Lewinsky, Sergio *El negocio del fútbol* Corregidor, Buenos Aires, 1995

Lichtensztejn, Samuel *Comercio internacional y problemas monetarios* Nuestra Tierra, Montevideo, 1993

Lischetti, Mirta (compiladora) *Antropología* Eudeba, Buenos Aires, 1986

Loedel, Carlos *Hechos y actores del profesionalismo* Julio Bayce Edit.Unidos, Montevideo, 1970

Lorenzo, Ricardo (Borocotó) *30 Años en el deporte,* Atlántida, 1960

Lucero, Diego *Siento ruido de pelota* Freeland, Buenos Aires, 1975

Machado, Carlos *Historia de los orientales* Ed. B. Oriental, Montevideo, 1985

Maier, John *Mixing futebol with carnaval* Time, june 1990

Maiztegui, Humberto *Uruguay en el proceso de institucionalización rioplatense* C. Editor de América latina, Buenos Aires, 1975

Malfatti, Jorge *El cielo puede esperar,* La República, Ed. Club Amargueando, Montevideo, 1995

Mantrana Garín, Alberto *Por la verdad. Peñarol decano de los clubs de football del Uruguay,* Montevideo, 1939

Martínez de León, **Hugo** *El club de los ingleses (Centenario del Lomas A.C.)* Rubro, Bs. Aires, 1991

Martínez Díaz, Nelson *Los ferrocarriles británicos en Uruguay* Ediciones del Nuevo Mundo, Montevideo, 1987

Martínez Moreno, Carlos *El paredón* C. Editor de Am. latina, Buenos Aires, 1972

Mead Erle, Edward *Creadores de la estrategia moderna* Bibl. Gral. Artigas, Montevideo. 1952

Mirolo, René R. *Los descansos del trabajador* Plus Ultra, Buenos Aires, 1972

Morales, Franklin *Fútbol: mito y realidad* Colección Nuestra Tierra, Montevideo, 1969

Neufert, Ernst *Arte de proyectar en Arquitectura* Gil, Buenos Aires, 1948

Olivera, Eduardo *Orígenes de los deportes británicos en el R. de la Plata* Buenos Aires, 1932

Olivier, Margot *Enciclopedia Mundial del Deporte* Uteha, México, 1982

Ortega y Gasset, José *La rebelión de las masas* Revista de Occidente, Madrid, 1960

Parlebas, Pierre Revista Diffusion Sport Nro.64 Barcelona, 1994

Popelka, Ernesto *Psicología del arbitraje* Montevideo, 1995

Popper, Karl R *La sociedad abierta y sus enemigos* Editorial Planeta, Buenos Aires, 1992

Reik, Theodor *Aventuras en la investigación psicoanalítica* Hormé, Buenos Aires, 1967

Rocatagliata, Juan *Los ferrocarriles en la Argentina* Eudeba, Buenos Aires, 1987

Romero, Amílcar G. *Deporte, violencia y política* C. Editor de Am. Latina, Buenos Aires, 1985

Rubio Sterzul, Lía *Las fiestas rituales (Los gigantes)* Ed. Mundi, Buenos Aires, 1964

Ruggiero, Guido de *El concepto del trabajo en su génesis histórica* La Pléyade, Bs. Aires, 1973

Ruitenbeek, H. M. *El individuo y la muchedumbre* Paidós, Buenos Aires, 1967

Sabugo, Mario *Canchas son amores* Rev. Ambiente Nro. 40, Espacio Editora, Bs. As. 1984

Sasía, José *Al fondo de la red* Signos, Montevideo, 1989

Saulquin, Susana *La moda en la Argentina* Emecé, Buenos Aires, 1990

Sazbón, José *Saussure y los fundamentos de la Lingüística* C.Editor Am. Lat. Bs. As., 1976

Scelza, Juan Carlos *Los grandes equipos de América* Mera Editor, Montevideo, 1996

Scalabrini Ortiz, Raúl *Historia de los ferrocarriles argentinos* Plus Ultra, Buenos Aires, 1974

Schell, Leandro *Vida del Club Nacional* Montevideo, 1950

Sebreli, Juan José *Fútbol y masas* Galerna, Buenos Aires, 1981

Soto, Carlos *Los caudillos* Julio Bayce Ed. Reunidos Montevideo, 1970

Suburú, Nilo *Diccionario del fútbol* Ediciones Tauro, Montevideo, 1968

Tarigo, Enrique E. y otros *El decanato (informe de la Comisión Especial del Club Nacional de Football)* Montevideo, 1991

Thompson, Mehran K. *Motivation in school learning* Prentice Hall, Inc. 1959

Vanger, Milton *José Batlle y Ordóñez, pensador, político, historiador, antropólogo*, Eudeba, Buenos Aires, 1968

Verdú, Vicente *El fútbol: mitos, ritos y símbolos* Alianza Editorial, Madrid, 1980

Viana, Javier de *Con divisa blanca* Editorial Arca, Montevideo, 1967

Vinnai, Gerhard *El fútbol como ideología* Siglo XXI, Buenos Aires, 1975

Volpicelli, Luigi *Industrialismo y deporte* Payró, Buenos Aires, 1967

Revistas

PBT

Atlántida

Caras y Caretas

El Gráfico

Los Grandes del Fútbol Mundial

Fútbol Actualidad

Índice

Editorial LibrosEnRed

LibrosEnRed es la Editorial Digital más completa en idioma español. Desde junio de 2000 trabajamos en la edición y venta de libros digitales e impresos bajo demanda.

Nuestra misión es facilitar a todos los autores la **edición** de sus obras y ofrecer a los lectores acceso rápido y económico a libros de todo tipo.

Editamos novelas, cuentos, poesías, tesis, investigaciones, manuales, monografías y toda variedad de contenidos. Brindamos la posibilidad de **comercializar** las obras desde Internet para millones de potenciales lectores. De este modo, intentamos fortalecer la difusión de los autores que escriben en español.

Nuestro sistema de atribución de regalías permite que los autores **obtengan una ganancia 300% o 400% mayor** a la que reciben en el circuito tradicional.

Ingrese a www.librosenred.com y conozca nuestro catálogo, compuesto por cientos de títulos clásicos y de autores contemporáneos.

Lightning Source UK Ltd.
Milton Keynes UK
10 September 2010

159702UK00001B/30/A